Monika und Erhard Hirmer

Deutsch
PLUS

5. Jahrgangsstufe

Band 4

Sprachgebrauch
Sprache untersuchen

© pb-verlag · München · 2018

ISBN 978-3-89291-**443-3**

Inhaltsverzeichnis

Sprachgebrauch und Sprache untersuchen

Hörmedien

Die angeführten Hörbeispiele werden **verlagsunabhängig** her- und unter *www.goo.gl/VdwFAm* (Youtube) bereitgestellt.

THEMA
Standard- und **Umgangssprache**

KOMPETENZERWARTUNGEN

- Zwischen Standard- und Umgangssprache unterscheiden
- Verwendung der Standardsprache bei offiziellen Anlässen (auch in der Schule)
- Verwendung der Umgangssprache v. a. im privaten Umfeld
- Gespür für die situations- und anlassbezogene Wortwahl

ARBEITSMITTEL/FUNDSTELLEN

Arbeitsblatt, Folie
Rätselseite
Internet

Hauptbegriffe

Standardsprache, Hochdeutsch, Umgangssprache,
Umschreibung, Wortneuschöpfung, Redewendung

Links: (Stand: Oktober 2017)

www.rindvieh.com (Vorsicht!)
www.sprachnudel.de (Vorsicht!)
www.bit.do/dQ3iX
www.de.wiktionary.org/wiki/Verzeichnis:
    Deutsch/Redewendungen
www.bit.do/dRgyW

Wir haben keinerlei Einfluss auf die Gestaltung und die Inhalte der gelinkten Seiten und übernehmen keine Haftung für die Seiten, auf die verwiesen wird.

FOLIENBLD zur Hinführung

NEGATIVBEISPIEL

Brief eines erbosten Kunden

Hey, ihr Dodel von der Firma Walterpebe, wo bleibt meine Bestellung? Klaro, ihr bekloppten Schafsköpfe liegt auf der faulen Haut und macht die dicke Kohle. Ich brauche aber euren Schrott, der den Geist aufgab! Und das Zacki-Zacki!

Vorschläge zum VERLAUF

I) HINFÜHRUNG

- Folie: Mädchen spricht "vornehm", die anderen verwenden "jugendsprachliche" Ausdrücke - weitere Beispiele suchen

Wie wir sprechen (und schreiben)

II) ERARBEITUNG

- **AB Umgangssprache**
    - Vorbereitung: Negativbeispiel "offizieller Brief": Unverschämte Formulierungen - Begriffe, die hier nicht hineingehören - Umformulierungen (GA)
    - Klären: Standardsprache - Umgangssprache - Begriffe (AB)
    - Beispiele in GA: Markieren - Übersetzen - Interneteinsatz (Suchen)
    - Zusammenschau der Ergebnisse: Vorlesen - Bewertung: Klare Unterscheidung zwischen den Sprachformen oft nicht möglich!

III) ANWENDUNGEN

- **Rätselseite** (Umgangssprachliche Wörter/Ausdrücke) in PA/GA
- Synonyme suchen (Suchkarten, s. u.) in atlg. GA
- Verfassen von schriftlichen Mitteilungen in beiden Sprachformen (atlg. GA)

SYNONYME - Suchkarten für Wörter und Ausdrücke (Muster)

Standard - Hochdeutsch	Umgang: So sprechen wir!
Adjektiv / *sehr gut*	*I A, allererste Sahne, bombig, cool, der Hit, dufte, geil, genial, klasse, prima, spitze, stark, ganz großes Kino, nicht zu toppen, wumbaba, irre, ...*

Standard - Hochdeutsch	Umgang: So sprechen wir!

| Deutsch | Name:_____ | Datum: _____ | |

Unsere **Umgangssprache**

Wie in jeder Sprache wird auch im Deutschen unterschiedlich gesprochen und geschrieben. Hier die beiden wesentlichen Sprachformen:

> Was geht ab?

> Farbe beim Waschen!

| Die **Standardsprache** ist unser sprachliches Grundgerüst, also die Hochsprache, die wir in der Schule, in der Arbeit, in schriftlichen Mitteilungen usw. verwenden (auch: **Hochdeutsch**). | Die **Umgangssprache** ist die Sprache, die wir privat, im Alltag sprechen – und immer öfter auch schreiben (Internet!). **Wörter** und **Ausdrücke** werden durch Wortneuschöpfung, Verkürzung, Vergleich, Umschreibung, Redewendung usw. gebildet. |

Beispiele zur Umgangssprache: Markiere und übersetze in das Hochdeutsche!

Wort: Verkürzung

Er hat 'ne Fünf.

_____

Wie geht's dir heute?

_____

Geh bitte raus!

_____

Ich habe nix gesehen.

_____

Wort: Vereinfachung "machen"

Ich mache mir Essen.

_____

Hast du dein Zimmer gemacht?

_____

Ich mache nach Hause.

_____

Sie macht in Aktien.

_____

Wort: Neuschöpfung/Umschreibung

Er ist ein Besserwisser!

_____

Vorsicht, Dachrinnenastronaut!

_____

Der Gipskopf singt nicht mit!

_____

Sie ist eine Zwiederwurzn!

_____

Ausdruck: Vergleich/Redewendung

Er fuhr volle Kanne!

_____

Ich glaube, mein Schwein pfeift.

_____

Sie hat keinen Bock auf Mathe.

_____

Er stinkt nach Geld.

_____

Hier schimpft jemand!

Markiere die umgangssprachlichen Wörter und Ausdrücke und schimpfe in der Standardsprache!

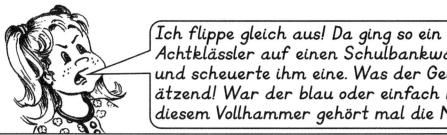

> Ich flippe gleich aus! Da ging so ein bescheuerter Blödmann von Achtklässler auf einen Schulbankwärmer aus meiner Klasse zu und scheuerte ihm eine. Was der Geier sollte das? Das ist doch ätzend! War der blau oder einfach nur bekloppt? Mensch, Mann, diesem Vollhammer gehört mal die Meinung gegeigt!

Deutsch | Beispiele

Unsere **Umgangssprache**

Wie in jeder Sprache wird auch im Deutschen unterschiedlich gesprochen und geschrieben. Hier die beiden wesentlichen Sprachformen:

Was geht ab?

Farbe beim Waschen!

Die **Standardsprache** ist unser sprachliches Grundgerüst, also die Hochsprache, die wir in der Schule, in der Arbeit, in schriftlichen Mitteilungen usw. verwenden (auch: **Hochdeutsch**).	Die **Umgangssprache** ist die Sprache, die wir privat, im Alltag sprechen – und immer öfter auch schreiben (Internet!). **Wörter** und **Ausdrücke** werden durch Wortneuschöpfung, Verkürzung, Vergleich, Umschreibung, Redewendung usw. gebildet.

Beispiele zur Umgangssprache: Markiere und übersetze in das Hochdeutsche!

Wort: Verkürzung

Er hat 'ne Fünf.
Er hat eine Fünf.

Wie geht's dir heute?
Wie geht es dir heute?

Geh bitte raus!
Gehe bitte nach draußen!

Ich habe nix gesehen.
Ich habe nichts gesehen.

Wort: Vereinfachung "machen"

Ich mache mir Essen.
Ich koche Essen für mich.

Hast du dein Zimmer gemacht?
Hast du dein Zimmer geputzt?

Ich mache nach Hause.
Ich gehe nach Hause.

Sie macht in Aktien.
Sie handelt mit Aktien.

Wort: Neuschöpfung/Umschreibung

Er ist ein Besserwisser!
Er ist ein Angeber/Prahler ...

Vorsicht, Dachrinnenastronaut!
Vorsicht, Schlafwandler!

Der Gipskopf singt nicht mit!
Der sture Mensch singt nicht mit!

Sie ist eine Zwiederwurzn!
Sie ist eine übel gelaunte Frau.

Ausdruck: Vergleich/Redewendung

Er fuhr volle Kanne!
Er fuhr mit Höchsttempo.

Ich glaube, mein Schwein pfeift.
Ich glaube das nicht!

Sie hat keinen Bock auf Mathe.
Sie hat keine Lust auf Mathe.

Er stinkt nach Geld.
Er ist reich.

Hier schimpft jemand!

Markiere die umgangssprachlichen Wörter und Ausdrücke und schimpfe in der Standardsprache!

Ich werde gleich die Beherrschung verlieren! Da ging so ein unvernünftiger Dummkopf von Achtklässler auf einen unauffälligen Schüler aus meiner Klasse zu und schlug ihn. Was um alles in der Welt sollte das? Das ist doch bösartig! War der betrunken oder einfach nur dumm? Diesen Wahnsinnigen muss ich aufklären.

Deutsch	Name:_____	Datum: _____

RÄTSELSEITE

Kreuzworträtsel: Umgangssprachliche Wörter und Ausdrücke

Umgangs-sprache

Mein Computer ist ein Blechtrottel!

1 Verb für:
Die Beherrschung verlieren

2 Ausdruck für:
Völlig erledigt sein

3 Aufforderung:
Sei ruhig!

4 Ausruf für:
Bestürzung

5 Ausdruck für:
Entlegener Ort

6 Wort für:
Auto

7 Wort für:
Mischung aus "Ja" und "Nein"

8 Wort für:
Geld

9 Wort für:
Ziellos umherfahren/-gehen

10 Übersetzung von:
What's up?

Lösung Redewendung für "abgelehnt werden":

Einen ☐☐☐☐ *kriegen*

Sprechblasenrätsel: Welche **Ausrufe** von Empfindungen stehen in den Sprechblasen?

Teufel!

geschafft!

Bist du irre?

Jetzt aber in's Bett!

ich hab's!

toll!

Stark!

Lösung Ausruf der Überraschung: | 1 | 2 | 3 | 4 |

Deutsch | Lösung

RÄTSELSEITE

Kreuzworträtsel: Umgangssprachliche Wörter und Ausdrücke

Umgangssprache

Mein Computer ist ein Blechtrottel!

1 Verb für:
Die Beherrschung verlieren

2 Ausdruck für:
Völlig erledigt sein

3 Aufforderung:
Sei ruhig!

4 Ausruf für:
Bestürzung

5 Ausdruck für:
Entlegener Ort

6 Wort für:
Auto

7 Wort für:
Mischung aus "Ja" und "Nein"

8 Wort für:
Geld

9 Wort für:
Ziellos umherfahren/-gehen

10 Übersetzung von:
What's up?

Kreuzworträtsel-Lösungen:
2 FIX UND FERTIG
3 HALT DIE KLAPPE
4 OJE
5 AM A.... DER WELT
6 KISTE
7 JEIN
8 KOHLE
9 RUMGURKEN
10 WAS GEHT AB
1 AUSFLIPPEN

Lösung Redewendung für "abgelehnt werden":
Einen **K O R B** kriegen

Sprechblasenrätsel: Welche **Ausrufe** von Empfindungen stehen in den Sprechblasen?

PFUI Teufel!

U₂FF, geschafft!

GEHT'S NOCH₃? Bist du irre?

Jetzt aber H₄OPS in's Bett!

H₁URRA, ich hab's!

WOW, toll!

COOL! Stark!

Lösung Ausruf der Überraschung: **H U C H**

THEMA

Sprachliche **Bilder**

KOMPETENZERWARTUNGEN

- Sprachbilder durch Vergleich, Bedeutungsübertragung und Personifikation erkennen
- Sprachbilder im eigenen Sprachhandeln anwenden
- Bilder verbalisieren und Redewendungen herauslesen
- Metaphern (ohne Begriff) suchen und deren Bedeutung erklären

ARBEITSMITTEL/FUNDSTELLEN

Arbeitsblatt, Folie
Rätselseite, Suchkarte
Internet, Wörterbuch (Redewendungen)

Medienzentrum/Bildstelle

4983992 Sprachliche Mittel/Bilder

Links: (Stand: Oktober 2017)
www.bit.do/dRkgV
www.bit.do/dRkgZ
www.heinick.myblog.de/heinick/art/6394338
www.bit.do/dRkhc
www.de.wikipedia.org/wiki/Metapher
www.sprichwoerter-redewendungen.de

Wir haben keinerlei Einfluss auf die Gestaltung und die Inhalte der gelinkten Seiten und übernehmen keine Haftung für die Seiten, auf die verwiesen wird.

FOLIENBILD zur Hinführung

Sprache in **Bildern**   Sprache in **Worten**

Redewendung und Bedeutung:

_____

Redewendung und Bedeutung:

_____

Redewendung und Bedeutung:

_____

• ans Bein pinkeln: kritisieren, ächten   • den Rücken kehren: sich abkehren   • das Herz brechen: unglücklich machen

Vorschläge zum VERLAUF

I) HINFÜHRUNG

- Folienbilder: Wörtlich gezeichnet – Bedeutung – Bilder machen die Begriffe anschaulich (fassbar, deutlich ...)

Sprache in Bildern

II) ERARBEITUNG

- **AB: Mach dir ein Bild!**

  - Sorten: Gemeinsame Erarbeitung anhand von Beispielen: Vergleich – Bedeutungsübertragung – Vermenschlichung (Zeichen an Tafel: =/ ☺/ ☺)
  - Sprachbilder im Kontext: Besprechen in den Gruppen – Wörtlich und übertragen – Verbalisierungen
  - Anwendungen: GA – Beispiele auf AB – Rückgriff: Sorten der Folienbilder

III) ANWENDUNG

- Rätselseite: Sprachbilder in GA
- EA/PA/GA: Metaphern suchen/erklären (wörtlich und übertragen, Bsp. s. u.) Evtl. Langzeitaufgabe mit Aushang

---

SUCHAUFGABEN: Sprachbild 2 (Metaphern)

(www.phraseo.de – www.de.wikipedia.org/wiki/Kategorie:Redewendung – usw.)

Beispiel:

Gruppe: _____	Datum: _____
𝕾𝖕𝖗𝖆𝖈𝖍𝖇𝖎𝖑𝖉 2	Anschaulicher Ausdruck mit übertragener Bedeutung
Beispiel: Sie hat wohl nicht alle Tassen im Schrank.	
↷ **Wörtliche** Bedeutung: In ihrem Schrank fehlen einige Trinkgefäße.	☺ **Übertragene** Bedeutung: Sie hat nicht alle Sinne zusammen, sie ist verrückt. (Jiddisch: "toshia" für Tasse = Verstand)

Gruppe: _____	Datum: _____
𝕾𝖕𝖗𝖆𝖈𝖍𝖇𝖎𝖑𝖉 2	Anschaulicher Ausdruck mit übertragener Bedeutung
Beispiel: _____	
↷ **Wörtliche** Bedeutung: _____ _____ _____	☺ **Übertragene** Bedeutung: _____ _____ _____

Deutsch | Name: _____ | Datum: _____

Mach dir ein Bild!

Du möchtest etwas nicht <u>direkt</u> sagen?
Du möchtest etwas besonders <u>anschaulich</u> darstellen?

Dann hast du drei Möglichkeiten:

Gestern

Das ist Schnee ...

1. Ein _____	**2.** Eine _____ Bedeutung	**3.** _____ Züge
Er ist lahm _____ eine Ente. *Es ist kalt, _____ es Winter wäre.* **Vergleichs-wörter** [_____ / _____]	*Ich habe Schmetterlinge im Bauch!* • Wörtlich: _____ _____ • Gemeint: _____ _____ _____	Die Sonne _____ Die Zeit _____

Sprachliche Bilder verstehen

Vier Schritte zum Sprachbild-Verstehen:

1) Die **Situation** und das **Sprachbild**

Ihr feiert eine Riesen-Klassenparty. Am anderen Tag soll eine Matheprobe stattfinden. Kann die verschoben werden? Ihr redet mit dem Lehrer, doch dem sind die Hände gebunden: Die Planung steht!

2) **Markieren**

Markiere das Sprachbild im Text!

3) Die **ursprüngliche Bedeutung**

Das Sprachbild bedeutet eigentlich:
_____
_____

4) **Übertragung** auf die Situation

Reaktion des Lehrers:
_____
_____

Wir probieren aus!

Markiere, zeichne auf den Block (wörtlich) und übertrage!

Das Sprachbild ...   ... bedeutet **übertragen**:

Er hat ihr das Herz gebrochen. _____

Das Auto heult auf. _____

Sie duftet wie eine Rose. _____

Ich will die Kuh vom Eis kriegen. _____

Glück und Leid gehen Hand in Hand. _____

Deutsch | Lösung

Mach dir ein Bild!

Du möchtest etwas nicht <u>direkt</u> sagen?
Du möchtest etwas besonders <u>anschaulich</u> darstellen?

Dann hast du drei Möglichkeiten:

Schnee von gestern

Das ist Schnee ...

1. Ein <u>Vergleich</u>	**2.** Eine <u>andere</u> Bedeutung	**3.** <u>Menschliche</u> Züge
Er ist lahm <u>wie</u> eine Ente. *Es ist kalt, <u>als ob</u> es Winter wäre.* **Vergleichs-wörter** <u>wie</u> <u>als ob</u>	*Ich habe Schmetterlinge im Bauch!* • Wörtlich: <u>Insekten wohnen in meinem Rumpf.</u> • Gemeint: <u>Ich bin verliebt.</u>	Die Sonne <u>lacht.</u> Die Zeit <u>rennt.</u>

Sprachliche Bilder **verstehen**

Vier Schritte zum Sprachbild-Verstehen:

1) Die **Situation** und das **Sprachbild**

Jhr feiert eine Riesen-Klassenparty. Am anderen Tag soll eine Matheprobe stattfinden. Kann die verschoben werden? Jhr redet mit dem Lehrer, doch dem sind die Hände gebunden: Die Planung steht!

2) **Markieren**

Markiere das Sprachbild im Text!

3) Die **ursprüngliche Bedeutung**

Das Sprachbild bedeutet eigentlich:
<u>Dem Lehrer sind die Hände gefesselt.</u>

4) **Übertragung** auf die Situation

Reaktion des Lehrers:
<u>Er wird die Matheprobe durchführen, weil ihn die Planung zwingt.</u>

Wir probieren aus!

Markiere, zeichne auf den Block (wörtlich) und übertrage!

Das **Sprachbild** ...	... bedeutet **übertragen**:
Er hat ihr das Herz gebrochen.	<u>Er hat sie unglücklich gemacht.</u>
Das Auto heult auf.	<u>Der Automotor wird laut.</u>
Sie duftet wie eine Rose.	<u>Sie riecht gut.</u>
Ich will die Kuh vom Eis kriegen.	<u>Ich will eine Lösung finden.</u>
Glück und Leid gehen Hand in Hand.	<u>Glück und Leid gehören zusammen.</u>

| Deutsch | Name: _____ | Datum: _____ |

RÄTSELSEITE

Kreuzworträtsel: Sprachbilder (3 Sorten)

1 Ihre Haut ist weiß ...
2 Die Natur ...
3 Unangenehme Fragen stellen

Bemale
• Vergleiche: grün
• Andere Bedeutungen: gelb
• Vermenschlichungen: blau

4 Eltern, die ihre Kinder vernachlässigen
5 Es regnet ...
6 Der ... Fuchs
7 Er benimmt sich ...

8 Ein Strom ... Kühlschrank
9 Der Wind ...
10 Ein Misserfolg

LÖSUNG:
Das Handeln übernehmen =

a	b	c

Am _____ sein

Bilderrätsel: Übertragene Bedeutung von Redewendungen

Das Bild zeigt: _____
_____
Das Bild bedeutet: _____
_____

Das Bild zeigt: _____
_____
Das Bild bedeutet: _____
_____

Das Bild zeigt: _____
_____
Das Bild bedeutet: _____
_____

Das Bild zeigt: _____
_____
Das Bild bedeutet: _____
_____

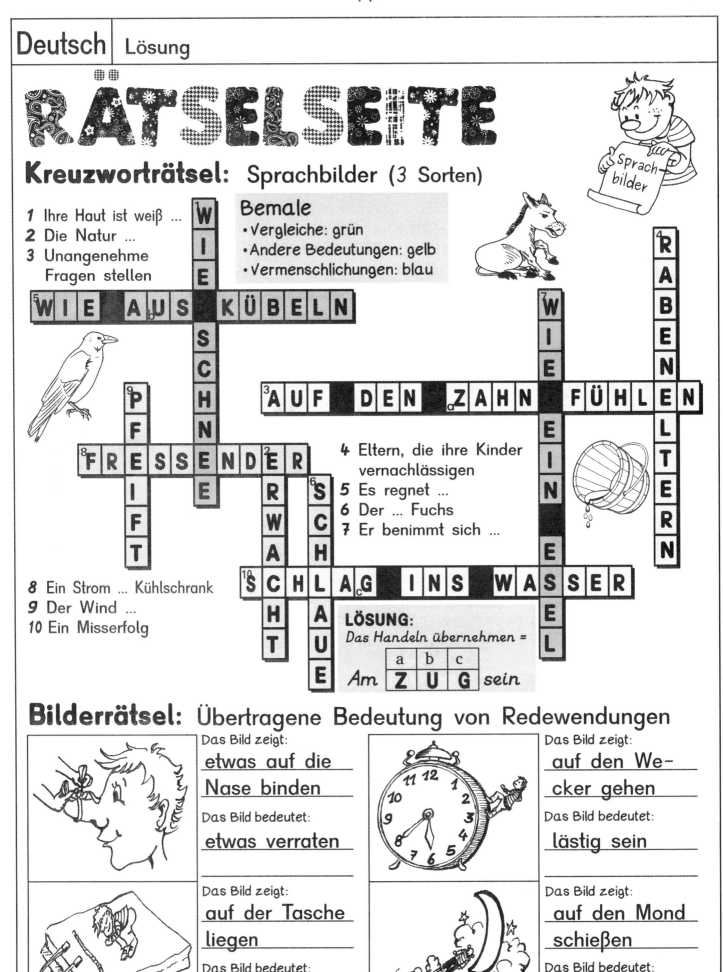

Deutsch | Lösung

RÄTSELSEITE

Kreuzworträtsel: Sprachbilder (3 Sorten)

1 Ihre Haut ist weiß ...
2 Die Natur ...
3 Unangenehme Fragen stellen

Bemale
- Vergleiche: grün
- Andere Bedeutungen: gelb
- Vermenschlichungen: blau

4 Eltern, die ihre Kinder vernachlässigen
5 Es regnet ...
6 Der ... Fuchs
7 Er benimmt sich ...

8 Ein Strom ... Kühlschrank
9 Der Wind ...
10 Ein Misserfolg

Kreuzworträtsel-Lösungen:
- 1/5: WIE AUS KÜBELN
- WIESCHNEE
- 3: AUF DEN ZAHN FÜHLEN
- 4: RABENELTERN
- 7: WIE EIN ESEL
- 9: PFEIFT
- 8: FRESSENDER
- ERWACHT
- SCHLAUE
- 10: SCHLAG INS WASSER

LÖSUNG:
Das Handeln übernehmen =

a	b	c
Z	U	G

Am **ZUG** *sein*

Bilderrätsel: Übertragene Bedeutung von Redewendungen

Das Bild zeigt:
etwas auf die Nase binden
Das Bild bedeutet:
etwas verraten

Das Bild zeigt:
auf den We-cker gehen
Das Bild bedeutet:
lästig sein

Das Bild zeigt:
auf der Tasche liegen
Das Bild bedeutet:
auf Kosten anderer leben

Das Bild zeigt:
auf den Mond schießen
Das Bild bedeutet:
jemanden los-werden wollen

THEMA

Bedeutungsähnliche Wörter

Wortfelder

KOMPETENZERWARTUNGEN

- Wörter nach ihrer Bedeutung mithilfe von Wörterbüchern ordnen
- Den Gebrauch verwandter Wörter in Sätzen beurteilen
- Unterschiede zwischen Wortfeld und Wortfamilie kennen und anwenden
- Begriffe: Wortart, Wortstamm, Kennzeichen, Oberbegriff ...

ARBEITSMITTEL/FUNDSTELLEN

Arbeitsblätter, Folie
Rätselseite
Internet

Medienzentrum/Bildstelle

4983974 Wortfelder

Links: (Stand: Oktober 2017)

www.bit.do/dRDk5
www.wortwuchs.net/grammatik/wortfeld
www.ein-anderes-wort.com
www.synonyme.woxikon.de
www.synonyme.de

Wir haben keinerlei Einfluss auf die Gestaltung und die Inhalte der gelinkten Seiten und übernehmen keine Haftung für die Seiten, auf die verwiesen wird.

FOLIENBILD

Seltsame Kürbisfelder

Ersetze "tratschen" durch Kürbiswörter! Klappt's immer? Lösung?

Ich würde gerne mit dir <u>tratschen</u>.

Vorschläge zum VERLAUF

I) HINFÜHRUNG

• Folienbild: "Seltsame Kürbisfelder" – Lesen – Eigene Wörter – Satzbildung

Wörter mit ähnlicher Bedeutung (Wh. Grundschule)

II) ERARBEITUNG

• **AB Wortfelder**

  • Klärung in PA/GA: Begriff "Synonym" und Merkmale am Beispiel "Gewässer"
  • GA: Wortfeld "gehen", geordnet nach Kennzeichen – evtl. arbeitsteilig
  • Auswertung:
      • Sammeln an Tafel (Tabelle)
      • GA (arbeitsteilig) Satzbildung mit passenden Verben/Ausdrücken
      • Spiel: Pantomime (einzeln/Gruppe) nach Sätzen mit "gehen"

III) ANWENDUNG/AUSWEITUNG

  • Rätselseite: Wortfelder in GA
  • **AB 2**: Unterscheidung **Wortfeld** – **Wortfamilie** in unterschiedlichen Wortarten (GA)

Lösung S. 19

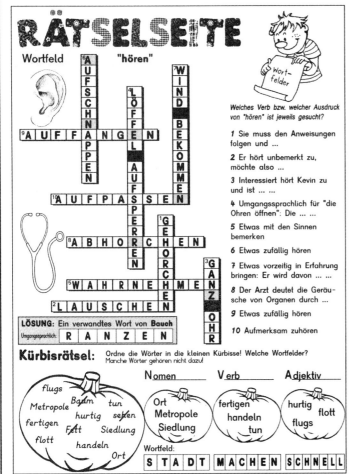

Lösung S. 20

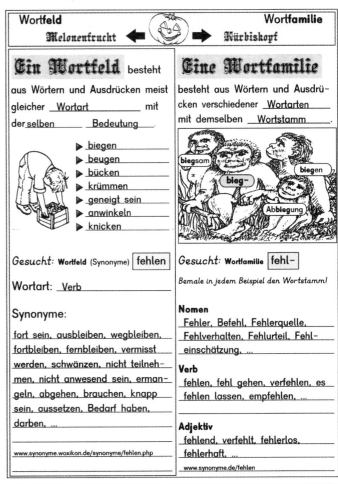

| Deutsch | Name: _____ | Datum: _____ |

Bedeutungsähnliche Wörter
Wortfelder

Begriff: (das) Synonym
Synonyme sind Wörter mit gleicher oder ähnlicher Bedeutung.

Ein Wortfeld mit Kürbissen

Bach   Teich   Wasser-glas   Lache

Kürbissorte
_____

Kanal   Weiher

Meer

Wasser-becken   Pfütze   Wasser-lauf   stehendes Wasser

Merkmale   Ein Kürbiswort passt nicht zur Sorte. Streiche es!

• Sie haben ein _____ Schild, einen _____.

Kürbissorte " _____ "

• Die Begriffe sind miteinander _____.

Sie bedeuten das _____ oder etwas _____:

_____

_____

• Die Begriffe gehören **meistens** zu **einer** _____: Meer = _____

Wortfeld "gehen" – geordnet nach Kennzeichen

_____	_____	_____	_____
rennen,	schlendern,	sich begeben,	humpeln,
_____	_____	_____	_____
_____	_____	_____	_____
_____	_____	_____	_____
_____	_____	_____	_____
_____	_____	_____	_____
_____	_____	_____	_____
_____	_____	_____	_____

Bildet mit den Verben passende **Sätze**! *Er humpelte lange Zeit auf Krücken zur Schule.*

Deutsch | Lösung

Bedeutungsähnliche Wörter
Wortfelder

Begriff: (das) Synonym
Synonyme sind Wörter mit gleicher oder ähnlicher Bedeutung.

Ein Wortfeld mit Kürbissen

Merkmale

Ein Kürbiswort passt nicht zur Sorte. Streiche es!

- Sie haben ein __gemeinsames__ Schild, einen __Oberbegriff__.

Kürbissorte " __Gewässer__ "

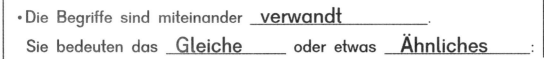

- Die Begriffe sind miteinander __verwandt__.

Sie bedeuten das __Gleiche__ oder etwas __Ähnliches__:

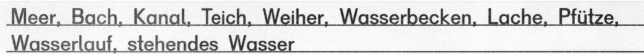

__Meer, Bach, Kanal, Teich, Weiher, Wasserbecken, Lache, Pfütze,__
__Wasserlauf, stehendes Wasser__

- Die Begriffe gehören **meistens** zu **einer** __Wortart__: __Meer = Nomen__

Wortfeld "gehen" - geordnet nach Kennzeichen

schnell	langsam	normal	behindert
rennen, eilen, hasten, hetzen, huschen, laufen, sprinten, stürmen, sich davonma-chen, sausen, jagen, flüchten ...	schlendern, bummeln, kriechen, schleichen, tappen, trödeln, trotten, wandeln, watscheln, schlurfen, ...	sich begeben, sich aufmachen, bewegen, fortbe-wegen, mar-schieren, schrei-ten, steigen, wandern, auf den Weg machen ...	humpeln, hinken, schwanken, stolpern, straucheln, taumeln, torkeln, wackeln, sich tasten, ...

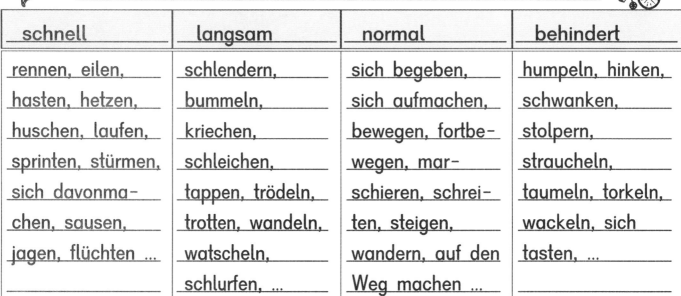

Bildet mit den Verben passende **Sätze**! *Er __humpelte__ lange Zeit auf Krücken zur Schule.*

Deutsch | Name:_____ | Datum: _____

RÄTSELSEITE

Wortfeld   **"hören"**

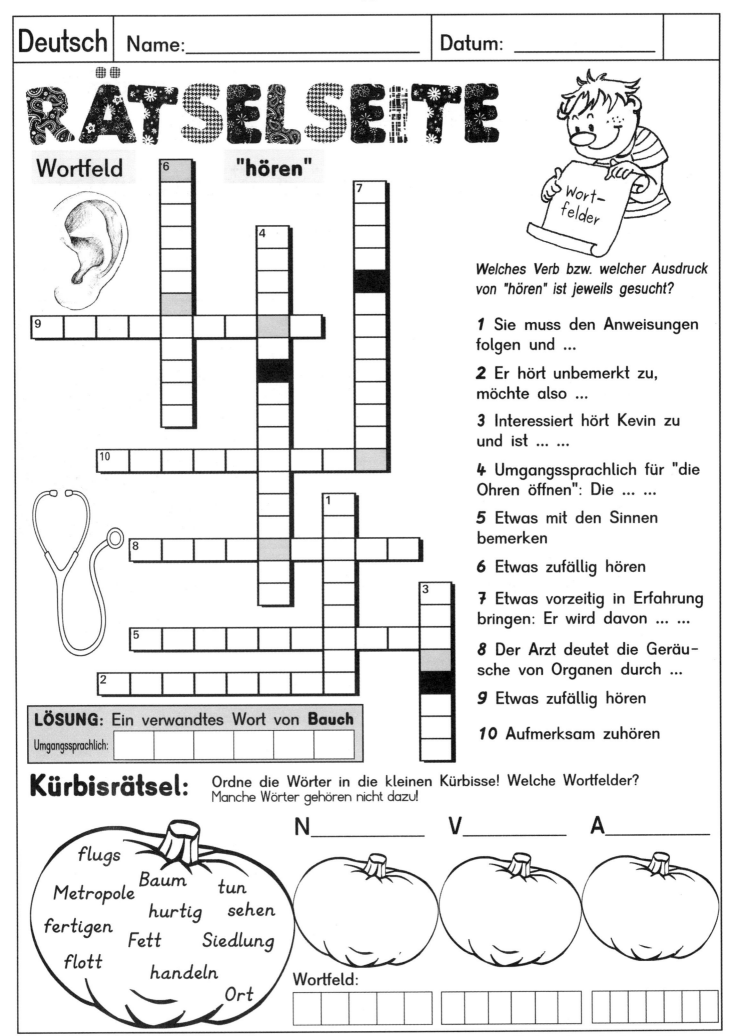

Welches Verb bzw. welcher Ausdruck von "hören" ist jeweils gesucht?

1 Sie muss den Anweisungen folgen und ...

2 Er hört unbemerkt zu, möchte also ...

3 Interessiert hört Kevin zu und ist ... ...

4 Umgangssprachlich für "die Ohren öffnen": Die ... ...

5 Etwas mit den Sinnen bemerken

6 Etwas zufällig hören

7 Etwas vorzeitig in Erfahrung bringen: Er wird davon ... ...

8 Der Arzt deutet die Geräusche von Organen durch ...

9 Etwas zufällig hören

10 Aufmerksam zuhören

LÖSUNG: Ein verwandtes Wort von **Bauch**

Umgangssprachlich:

Kürbisrätsel: Ordne die Wörter in die kleinen Kürbisse! Welche Wortfelder? Manche Wörter gehören nicht dazu!

N_____   V_____   A_____

flugs
Metropole
Baum
tun
hurtig
sehen
fertigen
Fett
Siedlung
flott
handeln
Ort

Wortfeld:

Deutsch	Name: _____	Datum: _____

Wortfeld ← 🎃 → **Wortfamilie**

Melonenfrucht ← → Kürbiskopf

Ein Wortfeld besteht

aus Wörtern und Ausdrücken meist

gleicher _____ mit

der_____ _____ .

▶ _____
▶ _____
▶ _____
▶ _____
▶ _____
▶ _____
▶ _____

Gesucht: **Wortfeld** (Synonyme) | fehlen |

Wortart: _____

Synonyme:

_____
_____
_____
_____
_____
_____
_____
_____
_____
_____
_____

Eine Wortfamilie

besteht aus Wörtern und Ausdrücken verschiedener _____

mit demselben _____ .

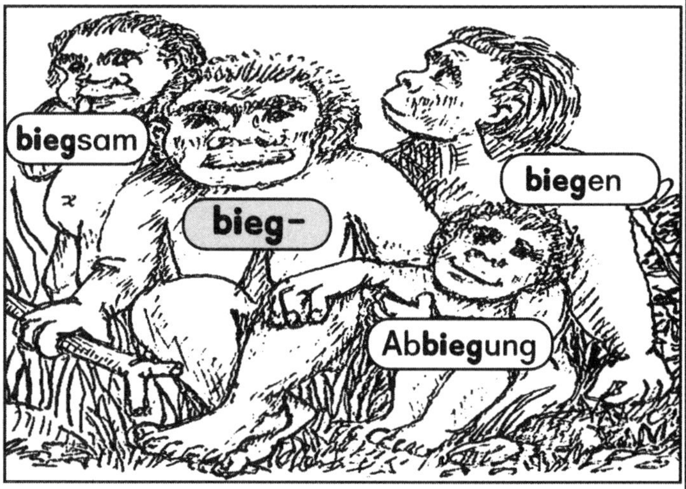

biegsam · bieg- · biegen · Abbiegung

Gesucht: **Wortfamilie** | fehl- |

Bemale in jedem Beispiel den Wortstamm!

Nomen

_____
_____
_____

Verb

_____
_____
_____

Adjektiv

_____
_____
_____

THEMA

Wortbildung
Zusammensetzung und Anhang (Ableitung)

KOMPETENZERWARTUNGEN

- Neue Wörter durch Zusammensetzung und Ableitung bilden und anwenden
- Wortart- und/oder Bedeutungsänderungen feststellen
- Wortarten (Nomen, Verb, Adjektiv, Vorwort) erkennen und benennen
- Wortneuschöpfungen in sprachlichen Äußerungen verwenden

ARBEITSMITTEL/FUNDSTELLEN

Arbeitsblätter, Übungsblätter,
Folie, Tafel
Internet

Hinweis: Zur Vereinfachung wird hier nicht zwischen Präfix und Präposition unterschieden (gemeinsamer Begriff: Vorsilbe/Vorwort)!

Links: (Stand: November 2017)
www.hypermedia.ids-mannheim.de/call/public/
   termwb.ansicht?v_id=44
www.deutschegrammatik20.de/wortbildung/
   die-komposition
www.vs-material.wegerer.at/deutsch/
   d_rs_silbe.htm
www.bit.do/dRXtW (mit Einzelthemen)

Wir haben keinerlei Einfluss auf die Gestaltung und die Inhalte der gelinkten Seiten und übernehmen keine Haftung für die Seiten, auf die verwiesen wird.

FOLIENBILD zur Hinführung

Seltsame Familiennamen!
Vater   Mutter   Kind

Erwin **Wasch** + Susi **Tag** = Kevin **Waschtag**

Suche andere zusammengesetzte Familiennamen!

TAFELANSCHRIFT/AUSHANG: Wortarten (Wh. von Grundschule)

Nomen	Verb	Adjektiv	Vorsilbe
Namenwort	Tunwort	Wiewort	Vorwort
der Mann die Frau das Kind	fall(en) schlag(en) entwickelt	groß bunt blau	unter ge- hinter ver- vor aus-

Vorschläge zum VERLAUF

2-3 Unterrichtsstunden

I) HINFÜHRUNG

- Folienbild: Zusammengesetzte Namen - Eigene Zusammensetzungen (verschiedene Wortarten)

Wir bilden neue Wörter

II) ERARBEITUNG

- **1. Stunde: AB 1 (Zusammensetzungen)**
  - Vorbereitung: Die bekannten Wortarten - Tafel/Aushang - Beispiele - Satzbildung
  - Kombinationen mit Beipielen in GA - Hilfe: Internet *(Eingabe z. B. Verb + Nomen)*
  - Anwendung in GA: Wortartänderung und -erklärung in Sätzen/Satzteilen

- **2. Stunde: AB 2 (Wortanhang)**
  - Vor- und Nachsilben, Beispiele in GA
  - **Hilfen:** Internet (Synonyme z. B. *synonyme.de*)
  - Zusammenfassung: Verbalisierungen *(Durch Wortanhang ändert sich .../Beispiele)*

III) ANWENDUNGEN

- AB *Wortbildung* und AB *Wortanhang* (**auch Aushang**), jeweils in GA
- Regelmäßige Anwendung bei Aufsatzvorbereitungen (Wortschatz - Wortbildung)

Lösung S. 27

Wortbildung und Bedeutung

Die Vorsilbe ändert die Bedeutung!

Das Verb *fallen* bedeutet: Sich von oben nach unten bewegen

be-	befallen	bedeutet:	angreifen, plötzlich auftreten
ent-	entfallen	bedeutet:	vergessen, nicht stattfinden
+ miss- =	missfallen	bedeutet:	nicht gefallen
ver-	verfallen	bedeutet:	baufällig werden
zer-	zerfallen	bedeutet:	langsam auflösen

Die Zusammensetzung ändert die Bedeutung!

Suche passende Partner und erkläre!

alt	nehmen	bedeutet: ergreifen	teilnehmen	bedeutet: anwesend sein
fahren	Tag	bedeutet: Zeitbegriff	Geburtstag	bedeutet: Wiegenfest
Teil + stellen		bedeutet: tun	= fertigstellen	bedeutet: beenden
Geburt	Papier	bedeutet: Material	Altpapier	bedeutet: Papierabfall
fertig	Stuhl	bedeutet: Möbelstück	Fahrstuhl	bedeutet: Aufzug

Wir wenden die Bedeutungs- und Wortartänderung an!

Setze veränderte Formen (mit Vor- und Nachsilben) dieser Wörter ein:
stellen, wischen, heilen, finster, Angst, schlagen, Hund, werfen, Kind, kommen, schwanger, Sicht, brechen, Würfel

Ich bin um 10 Uhr zur Fahrprüfung bestellt *. Die Laden-
diebe wurden* erwischt *. Viele Krankheiten sind inzwischen*
heilbar *. In der* Finsternis *habe ich Angst, daher gelte
ich als* ängstlich *. Ihr habt mit eurem Verhalten viel Geschirr*
zerschlagen *. Die* Hündin *hat wieder Welpen* geworfen *.
Martin verhält sich sehr* kindisch *. Sie ist weg und wird
nicht* wiederkommen *. Während ihrer* Schwangerschaft *nimmt
sie keine Medikamente ein. Seine* Vorsicht *im Straßenver-
kehr rettete ihm schon oft das Leben. Die* Unterbrechung *im
Fernsehprogramm kommt mir gerade recht. Das Spiel geht
weiter, jetzt darfst du* würfeln *.*

Beispiele S. 28

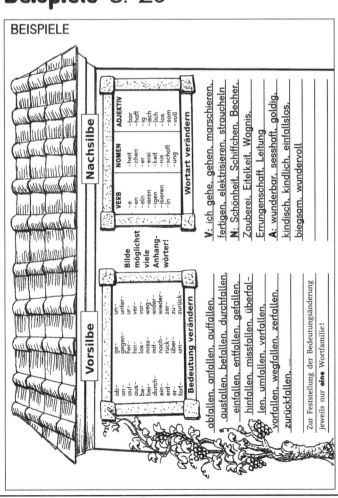

BEISPIELE

Nachsilbe

VERB	NOMEN	ADJEKTIV
-e	-heit	-bar
-en	-chen	-haft
-ieren	-er	-ig
-igen	-erei	-isch
-isieren	-nis	-keit
-ln	-schaft	-los
	-ung	-sam
		-voll

Wortart verändern

V: ich gehe, gehen, marschieren, fertigen, elektrisieren, straucheln
N: Schönheit, Schiffchen, Becher, Zauberei, Eitelkeit, Wagnis, Errungenschaft, Leitung
A: wunderbar, sesshaft, goldig, kindisch, kindlich, einfallslos, biegsam, wundervoll

Bilde möglichst viele Anhang-wörter!

Vorsilbe

un-	wider-	
unter-	wieder-	
ver-	zer-	
vor-	zu-	
vor-	zurück-	

ge-	mit-	
gegen-	nach-	
her-	rück-	
hin-	über-	
los-	um-	

ab-	be-	
an-	durch-	
auf-	ein-	
aus-	ent-	
be-	er-	
	fort-	

Bedeutung verändern

abfallen, anfallen, auffallen, ausfallen, anfallen, befallen, durchfallen, einfallen, entfallen, gefallen, hinfallen, missfallen, überfal-len, umfallen, verfallen, vorfallen, wegfallen, zerfallen, zurückfallen, ...

Zur Feststellung der Bedeutungsänderung jeweils nur **eine** Wortfamilie!

| Deutsch | Name: _____ | Datum: _____ | |

Wir bilden neue Wörter (1)   Stuhl   Der Gang zum Stuhl   Gang

Verfahren: Die _____ **mit Wort**_____

_____ oder _____ Wortart(en)

werden zu einem neuen Wort zusammengesetzt.

Das zweite wird vom ersten _____ .

Sechserpack

Bestimme jeweils die zweite Wortart und suche ein weiteres Beispiel!

Nomen +	Adjektiv +	Nomen +	Nomen +	Adjektiv +
___	___	___	___	___
Fußball	dunkelblau	grasgrün	teilnehmen	Großstadt
___	___	___	___	___
Adjektiv +	Verbstamm +	Verbstamm +	Vorsilbe +	Vorsilbe +
___	___	___	___	___
festnehmen	Fahrstuhl	trinkfest	Vorteil	hinterlistig
___	___	___	___	___

Was ist gemeint?   *Tipp: Betrachte das jeweilige zweite Wort!*

Abkürzungen: N = Nomen, V = Verb, A = Adjektiv, Vo = Vorsilbe

N + N   *Das Computerspiel* ist ein _____ mit dem _____

_____   *Ein Tischbein* ist ein _____ des _____ .

_____   *Eine Gefriertruhe* ist eine _____ , die innen _____

_____   *Er kann hellsehen*, also _____ .

_____   *Sie ist taubstumm*, also _____

_____   *unterentwickelt* bedeutet: _____

_____   *Hintermann* bedeutet: _____

_____   *Das Idealgewicht* ist _____

_____   *Tina wird widersprechen*, also _____

Deutsch	Lösung

Wir bilden neue Wörter (1)

Stuhl | Der Gang zum Stuhl | Gang

Verfahren: Die _Zusammensetzung_ mit Wort_erklärung_

Eine oder _mehrere_ Wortart(en)
werden zu einem neuen Wort zusammengesetzt.
Das zweite wird vom ersten _erklärt_ .

Sechserpack

Bestimme jeweils die zweite Wortart und suche ein weiteres Beispiel!

Nomen + Nomen	Adjektiv + Adjektiv	Nomen + Adjektiv	Nomen + Verb	Adjektiv + Nomen
Fußball	_dunkelblau_	_grasgrün_	_teilnehmen_	_Großstadt_
Arbeitsplatz	hellfarbig	butterweich	preisgeben	Buntpapier
Adjektiv + Verb	Verbstamm + Nomen	Verbstamm + Adjektiv	Vorsilbe + Nomen	Vorsilbe + Adjektiv
festnehmen	_Fahrstuhl_	_trinkfest_	_Vorteil_	_hinterlistig_
wachrütteln	Hörspiel	sehbehindert	Ausweg	oberfaul

Was ist gemeint?

Tipp: Betrachte das jeweilige zweite Wort!

Abkürzungen: N = Nomen, V = Verb, A = Adjektiv, Vo = Vorsilbe

N + N _Das Computerspiel_ ist ein ___Spiel___ mit dem ___Computer___

N + N _Ein Tischbein_ ist ein ___Bein___ des ___Tisches___

V + N _Eine Gefriertruhe_ ist eine ___Truhe___, die innen ___gefriert___

A + V _Er kann hellsehen_, also ___etwas vorhersehen, Helligkeit hineinbringen.___

A + A _Sie ist taubstumm_, also ___stumm weil taub.___

Vo + V _unterentwickelt_ bedeutet: ___In der Entwicklung unterdurchschnittlich___

Vo + N _Hintermann_ bedeutet: ___Der Mann hinter mir___

A + N _Das Idealgewicht_ ist ___das Gewicht, das ideal für mich ist.___

Vo + V _Tina wird widersprechen_, also ___in ihrer Meinung dagegen sein.___

| Deutsch | Name: _____ | Datum: _____ | |

Wir bilden neue Wörter (2)

um- -fall- -en

Verfahren: Der _____ mit Bedeutungs-/Wortart_____

Ein neues Wort entsteht, wenn wir an ein Wort
eine _____- oder _____ anhängen.

Vorsilbe mit _____änderung	**Nachsilbe** mit _____änderung
ver-, an-, zer-, ... **+ fallen**	-ung, -keit, -heit, -nis
_____	*Neu:* **Nomen**
_____	hoffen: _____
	heiter: _____
Wortfamilie	gemein: _____
	finster: _____
Un-, Ab-, Ein-, ... **+ Fall**	-ig, -isch, -lich
_____	*Neu:* **Adjektiv**
_____	Geschäft: _____
_____	Zank: _____
	Weib: _____

Beispiele	Bestimme die angegebene Wortart (N-A-V) und wandle in die angegebene Wortart um:
Setze zum Verb *schlagen* und zum Nomen *Schlag* **Vorsilben** und suche jeweils ein Synonym!	*Neu:* **Adjektiv**
___*schlagen*: _____	____ duld(en): _____
___*schlagen*: _____	____ Halt: _____
___*schlagen*: _____	____ abhäng(en): _____
___*schlagen*: _____	*Neu:* **Verb**
___*schlagen*: _____	____ rein: _____
___*schlagen*: _____	____ Geist: _____
___*schlagen*: _____	____ platsch(en): _____
___*schlagen*: _____	*Neu:* **Nomen**
___*schlag*: _____	____ schwach: _____
___*schlag*: _____	____ erleb(en): _____
___*schlag*: _____	____ beweis(en): _____

Deutsch	Lösung

Wir bilden neue Wörter (2)

Verfahren: Der _Wortanhang_ mit Bedeutungs-/Wortart _änderung_

Ein neues Wort entsteht, wenn wir an ein Wort eine _Vor_ - oder _Nachsilbe_ anhängen.

Vorsilbe mit _Bedeutungs_ änderung

ver-, an-, zer-, ... **+ fallen**

verfallen, anfallen, zerfallen, wegfallen, umfallen, auffallen, ...

Wortfamilie

Un-, Ab-, Ein-, ... **+ Fall**

Unfall, Abfall, Einfall, Befall, Verfall, Wegfall, Rückfall, ...

Nachsilbe mit _Wortart_ änderung

-ung, -keit, -heit, -nis

Neu: **Nomen**
hoffen: _Hoffnung_
heiter: _Heiterkeit_
gemein: _Gemeinheit_
finster: _Finsternis_

-ig, -isch, -lich

Neu: **Adjektiv**
Geschäft: _geschäftig_
Zank: _zänkisch_
Weib: _weiblich_

Beispiele

Setze zum Verb *schlagen* und zum Nomen *Schlag* **Vorsilben** und suche jeweils ein Synonym!

er *schlagen*: töten durch Schläge
zu *schlagen*: ohrfeigen
ab *schlagen*: abweisen
an *schlagen*: stoßen, anheften
auf *schlagen*: aufprallen
ein *schlagen*: verprügeln, treffen
zer *schlagen*: beschädigen
um *schlagen*: knicken, ändern
Be *schlag*: Überzug
Um *schlag*: Hülle
Aus *schlag*: Hautkrankheit

Bestimme die angegebene Wortart (N-A-V) und wandle in die angegebene Wortart um:

Neu: **Adjektiv**
__V__ duld(en): duldsam
__N__ Halt: haltbar
__V__ abhäng(en): abhängig

Neu: **Verb**
__A__ rein: reinigen
__N__ Geist: geistern
__V__ platsch(en): plätschern

Neu: **Nomen**
__A__ schwach: Schwächling
__V__ erleb(en): Erlebnis
__V__ beweis(en): Beweis

Deutsch	Name: _____	Datum: _____

Wortbildung und Bedeutung

um-   -fall-   -en

Die Vorsilbe ändert die Bedeutung!

Das Verb _fallen_ bedeutet: _____

	be-		_____	bedeutet: _____
	ent-		_____	bedeutet: _____
+	miss-	**=**	_____	bedeutet: _____
	ver-		_____	bedeutet: _____
	zer-		_____	bedeutet: _____

Die Zusammensetzung ändert die Bedeutung!

Suche passende Partner und erkläre!

alt	nehmen	bedeutet: _____		_____ bedeutet: _____
fahren	Tag	bedeutet: _____		_____ bedeutet: _____
Teil **+**	stellen	bedeutet: _____	**=**	_____ bedeutet: _____
Geburt	Papier	bedeutet: _____		_____ bedeutet: _____
fertig	Stuhl	bedeutet: _____		_____ bedeutet: _____

Wir wenden die Bedeutungs- und Wortartänderung an!

Setze veränderte Formen (mit Vor- und Nachsilben) dieser Wörter ein:

stellen, wischen, heilen, finster, Angst, schlagen, Hund, werfen, Kind, kommen, schwanger, Sicht, brechen, Würfel

Ich bin um 10 Uhr zur Fahrprüfung _____. Die Ladendiebe wurden _____. Viele Krankheiten sind inzwischen _____. In der _____ habe ich Angst, daher gelte ich als _____. Ihr habt mit eurem Verhalten viel Geschirr _____. Die _____ hat wieder Welpen _____. Martin verhält sich sehr _____. Sie ist weg und wird nicht _____. Während ihrer _____ nimmt sie keine Medikamente ein. Seine _____ im Straßenverkehr rettete ihm schon oft das Leben. Die _____ im Fernsehprogramm kommt mir gerade recht. Das Spiel geht weiter, jetzt darfst du _____.

Deutsch	Name:_____	Datum: _____

Haus mit Anhang: Wortbildung durch Vor- und Nachsilben

Nachsilbe

Wortart verändern

VERB	NOMEN	ADJEKTIV
-e	-heit	-bar
-en	-chen	-haft
-eln	-er	-ig
-ieren	-erei	-isch
-igen	-keit	-lich
-isieren	-nis	-los
-ln	-schaft	-sam
	-ung	-voll

Bilde möglichst viele Anhang-wörter!

Vorsilbe

Bedeutung verändern

ab-	ge-
an-	gegen-
auf-	her-
aus-	hin-
be-	los-
bei-	miss-
durch-	mit-
ein-	nach-
ent-	rück-
er-	über-
fort-	um-
	un-
	unter-
	ur-
	ver-
	vor-
	weg-
	wider-
	wieder-
	zer-
	zu-
	zurück-

THEMA
Personal- und Possessivpronomen

KOMPETENZERWARTUNGEN

- Personal- und Possessivpronomen erkennen und benennen
- Nomen durch die richtigen Formen von Pronomen ersetzen
- Fälle durch entsprechende Fragewörter und Verben erkennen (Benennung optional)
- Pronomen bei allen Schreibarbeiten verwenden

ARBEITSMITTEL/FUNDSTELLEN

Arbeitsblatt, Übungsblatt, Folie
Evtl. Fingerkarten (Tafel, Aushang)
Internet

Voraussetzungen:

Nomen, Verb, Satzbau, (Fälle)

Links: (Stand: November 2017)

www.bit.do/dSYKU
www.mein-deutschbuch.de/pronomen-
fuerwoerter.html
www.schulminator.com/deutsch/pronomen
www.bit.do/dSYLB

Wir haben keinerlei Einfluss auf die Gestaltung und die Inhalte der gelinkten Seiten und übernehmen keine Haftung für die Seiten, auf die verwiesen wird.

TAFELANSCHRIFT (Erarbeitung des 1. Teils: Fingerkarten)

Ich frage:
Wer ist der Schönste?

Einer		**Mehr**	
	ich	 **ich** und **du**	wir
	du	 **du** und **du**	ihr
	er sie es	 **er** und **er**	sie

Vorschläge zum **VERLAUF**

3 – 4 Unterrichtsstunden

I) HINFÜHRUNG

- Geeigneter Text, z. B. AB *1* ("Langweilig") – Satzbildung mit "neuen" Wörtern

Eine neue Wortart: Für das Nomen

II) ERARBEITUNG

- **1. Stunde: Personalpronomen (AB 1)**

  - Entwicklung des Tafelbildes (S. *29*), z. B. mit Fingerkarten – Satzbildungen
  - Eintrag AB in veränderter Form – Begriff (Pronomen, Fürwort)
  - Klärung: Anpassung des Personalpronomens im Satz ("Ich liebe du")
  - GA: Pronomensuche mit Fragen (Wer? Wem? Wen?) – Satzbildung (auch weitere Sätze, vorgegeben und frei)
  - Ergebnis (Formulierungsversuche in GA): Personalpronomen sind Wörter, die **für Nomen** stehen

- **2. Stunde: Possessivpronomen (AB 2)**

  - Ausgang: Textbeispiel auf AB – Richtigstellung (PA/GA)
  - Erarbeitung wie oben
  - Ergebnisformulierung und Anwendung (Satzbildung mit Beispielverben) in GA

III) ANWENDUNG/AUSWEITUNG

- Übungsblatt ("Unsinn") mit beiden Formen in GA
- Aushang: Erweitertes Tafelbild (Personal- **und** Possessivpronomen)

Lösung S. 31

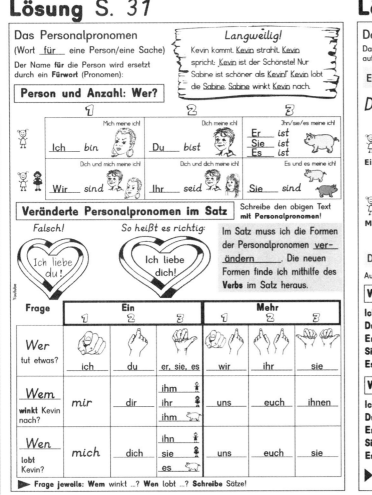

Lösung S. 32

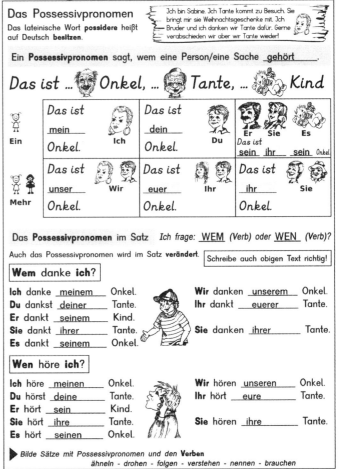

Deutsch	Name: _____	Datum: _____

Das Personalpronomen

(Wort _____ eine Person/eine Sache)

Der Name **für** die Person wird ersetzt durch ein **Fürwort** (Pronomen):

Person und Anzahl: Wer?

Langweilig!

Kevin kommt. Kevin strahlt. Kevin spricht: „Kevin ist der Schönste! Nur Sabine ist schöner als Kevin!" Kevin lobt Sabine. Sabine winkt Kevin nach.

1

Mich meine ich!

_____ bin

Dich und mich meine ich!

_____ sind

2

Dich meine ich!

_____ bist

Dich und dich meine ich!

_____ seid

3

Jhn/sie/es meine ich!

_____ ist
_____ ist
_____ ist

Es und es meine ich!

_____ sind

Veränderte Personalpronomen im Satz

Schreibe den obigen Text **mit Personalpronomen!**

Falsch!

Ich liebe du!

So heißt es richtig:

Im Satz muss ich die Formen der Personalpronomen _____ _____. Die neuen Formen finde ich mithilfe des **Verbs** im Satz heraus.

Youtube

Frage	Ein			Mehr		
	1	**2**	**3**	**1**	**2**	**3**
Wer tut etwas?						
_____ **winkt** Kevin nach?	mir					
_____ **lobt** Kevin?	mich					

▶ **Frage jeweils: Wem** winkt ...? **Wen** lobt ...? **Schreibe** Sätze!

Deutsch	Name: _____	Datum: _____	

Das Possessivpronomen

Das lateinische Wort **possidere** heißt auf Deutsch **besitzen**.

Jch bin Sabine. Jch Tante kommt zu Besuch. Sie bringt mir sie Weihnachtsgeschenke mit. Jch Bruder und ich danken wir Tante dafür. Gerne verabschieden wir aber wir Tante wieder!

Ein **Possessivpronomen** sagt, wem eine Person/eine Sache _____.

Das ist ... Onkel, ... Tante, ... Kind

Ein	Das ist _____ Onkel. — **Ich**	Das ist _____ Onkel. — **Du**	**Er Sie Es** — Das ist _____ _____ _____ Onkel.
Mehr	Das ist _____ Onkel. — **Wir**	Das ist _____ Onkel. — **Ihr**	Das ist _____ Onkel. — **Sie**

Das Possessivpronomen im Satz   Ich frage: _____ (Verb) oder _____ (Verb)?

Auch das Possessivpronomen wird im Satz **verändert**.

Schreibe auch obigen Text richtig!

Wem danke ich?

Ich danke _____ Onkel.
Du dankst _____ Tante.
Er dankt _____ Kind.
Sie dankt _____ Tante.
Es dankt _____ Onkel.

Wir danken _____ Onkel.
Ihr dankt _____ Tante.

Sie danken _____ Tante.

Wen höre ich?

Ich höre _____ Onkel.
Du hörst _____ Tante.
Er hört _____ Kind.
Sie hört _____ Tante.
Es hört _____ Onkel.

Wir hören _____ Onkel.
Ihr hört _____ Tante.

Sie hören _____ Tante.

▶ *Bilde Sätze mit Possessivpronomen und den* **Verben**
ähneln - drohen - folgen - verstehen - nennen - brauchen

Kompetenzorientierter Deutschunterricht PLUS 5. Jahrgangsstufe Band 4 © pb-Verlag München 2017

Deutsch	Name: _____	Datum: _____

Ein Unsinntext mit Fürwörtern

Der **verwirrte** Freizeitjäger
Walter Bumm spricht mit sich selbst.

Setze ein, frage und bemale:
- *Personalpronomen* **grün**
- *Possessivpronomen* **blau**

Ja, **(Walter Bumm)** _____ weiß: **(Walter Bumms)** _____ Jagd-schein hätte **(Walter Bumm)** _____ längst abgeben müssen! Aber **(Walter Bumm)** _____ habe ja auch Küchenmesser - und nichts passiert! Das ist **(Walter Bumms)** _____ Ausrede! Wenn **(Walter Bumm)** _____ so im Wald jage, fühle **(Walter Bumm)** _____ **(Walter Bumm)** _____ frei! Solltest du **(Walter Bumm)** _____ in den Weg kommen, musst **(Irgendeiner)** _____ eben schnell abhauen! Neulich schoss **(Walter Bumm)** _____ fröhlich vor **(Walter Bumm)** _____ hin - und schoss einer Frau in **(Frau)** _____ Po. Die vielen Schrotkugeln taten **(Frau)** _____ sicher weh! Aber da kann **(Walter Bumm)** _____ auch nichts machen. Was muss **(Frau)** _____ auch im Wald herumspazieren? Dem Förster darf ich allerdings nicht begegnen, das ist nämlich **(Förster)** _____ Revier! Neulich schoss **(Walter Bumm)** _____ irgendwo hin und traf - mehrere Wildschweine. Genauer gesagt: Die <u>wollte</u> **(Walter Bumm)** _____ treffen, schoss **(Wildschweine)** _____ aber über die Rücken hinaus. Gefährlich war es, als **(Walter Bumm)** _____ bei der Jagd eine Schulklasse in den Waldweg kam. Ich dachte, da drüben stünden Rehe! **(Walter Bumm)** _____ Schrotkugeln flogen nur knapp an **(Schulklasse)** _____ vorbei. Erwischt habe **(Walter Bumm)** _____ <u>nur</u> den Lehrer: **(Lehrer)** _____ große Zehe habe ist verletzt. Nächste Woche wird ein SEK der Polizei **(Walter Bumm)** _____, den verwirrten Jäger, aus dem Verkehr ziehen - das weiß **(Walter Bumm)** _____ aber noch nicht.

Kompetenzorientierter Deutschunterricht PLUS 5. Jahrgangsstufe Band 4 © pb-Verlag München 2017

Deutsch	Lösung

Ein Unsinntext mit Fürwörtern

Der **verwirrte** Freizeitjäger
Walter Bumm spricht mit sich selbst.

Setze ein, frage und bemale:
- *Personalpronomen* **grün**
- *Possessivpronomen* **blau**

Ja, **(Walter Bumm)** __ich__ weiß: **(Walter Bumms)** __Meinen__ Jagd-
schein hätte **(Walter Bumm)** __ich__ längst abgeben müssen! Aber
(Walter Bumm) __ich__ habe ja auch Küchenmesser – und nichts
passiert! Das ist **(Walter Bumms)** __meine__ Ausrede! Wenn **(Walter**
Bumm) __ich__ so im Wald jage, fühle **(Walter Bumm)** __ich__
(Walter Bumm) __mich__ frei! Solltest du **(Walter Bumm)** __mir__ in
den Weg kommen, musst **(Irgendeiner)** __du__ eben schnell
abhauen! Neulich schoss **(Walter Bumm)** __ich__ fröhlich vor **(Walter**
Bumm) __mich__ hin – und schoss einer Frau in **(Frau)** __ihren__ Po.
Die vielen Schrotkugeln taten **(Frau)** __ihr__ sicher weh! Aber da
kann **(Walter Bumm)** __ich__ auch nichts machen. Was muss **(Frau)**
__sie__ auch im Wald herumspazieren? Dem Förster darf ich
allerdings nicht begegnen, das ist nämlich **(Förster)** __sein__ Revier!
Neulich schoss **(Walter Bumm)** __ich__ irgendwo hin und traf –
mehrere Wildschweine. Genauer gesagt: Die wollte **(Walter Bumm)**
__ich__ treffen, schoss **(Wildschweine)** __ihnen__ aber über die
Rücken hinaus. Gefährlich war es, als **(Walter Bumm)** __mir__ bei
der Jagd eine Schulklasse in den Waldweg kam. Ich dachte, da drüben
stünden Rehe! **(Walter Bumm)** __Meine__ Schrotkugeln flogen nur
knapp an **(Schulklasse)** __ihr__ vorbei. Erwischt habe **(Walter**
Bumm) __ich__ nur den Lehrer: **(Lehrer)** __Seine__ große Zehe
habe ist verletzt. Nächste Woche wird ein SEK der Polizei **(Walter**
Bumm) __mich__, den verwirrten Jäger, aus dem Verkehr ziehen –
das weiß **(Walter Bumm)** __ich__ aber noch nicht.

THEMA

Satzglieder

Subjekt – Prädikat – Objekt – Umstandsbestimmung

KOMPETENZERWARTUNGEN

- Bestimmen und Unterscheiden von Satzgliedern
- Begriffe: Subjekt, Prädikat, Objekt, Umstandsbestimmung (Zeit, Ort, Art, Grund)
- Zum Bestimmen von Satzgliedern passende Fragen stellen
- Bei Schreibaufgaben ganze Sätze bilden bzw. Minimalsätze erweitern

ARBEITSMITTEL/FUNDSTELLEN

Arbeitsblätter, Folie
Rätselseite
Internet

Voraussetzungen:
Nomen – Verb – Adjektiv – Pronomen – Fälle

Links: (Stand: November 2017)
www.bit.do/dSA48
www.canoo.net/services/OnlineGrammar/
    Satz/Satzglied/Adverbial/Bedeutung.html
www.studienkreis.de/deutsch/adverbiale-
    bestimmung
www.schulminator.com/deutsch/satzglieder

Wir haben keinerlei Einfluss auf die Gestaltung und die Inhalte der gelinkten Seiten und übernehmen keine Haftung für die Seiten, auf die verwiesen wird.

FOLIENBILD zur Hinführung

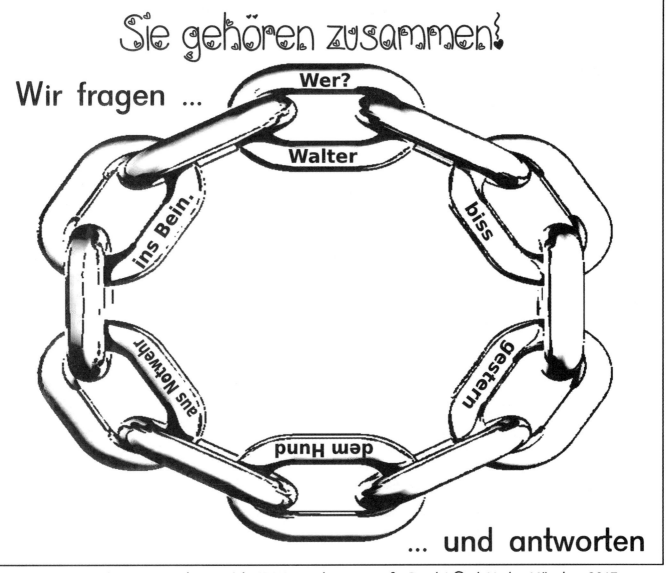

Sie gehören zusammen!

Wir fragen ...

... und antworten

Vorschläge zum VERLAUF
3 - 4 Stunden

I) HINFÜHRUNG

- Folienbild: Kette mit Fragen nach den Teilen – Begriffsherleitung *Kettenglied/Satzglied*
  Was könnte man im Satz weglassen? Was ist unbedingt erforderlich?

Die drei wichtigsten Satzglieder

II) ERARBEITUNG

- **AB 1**: Satzglieder S – P – O
  - **Jeweils**: Bestimmung anhand Beispielsätzen (*Peter küsst Lisa. Das Küssen gefällt ihr.*) – Fragen nach dem Satzglied
  - GA: Beispiele – Anwendungen: Eigene Beispiele – Sätze mit Pronomen
  - Ausweitung: Objekt mit Fallbestimmung in weiteren Beispielen
- **AB 2/3**: **Umstandsbestimmungen (Zeit und Ort**/evtl. auch Art und Weise und Grund)
  - Fragen und Bezeichnungen gemeinsam
  - Anwendungen in GA

III) ANWENDUNG/AUSWEITUNG

- **AB 4**: Getrennte und zwei Verben – Mustersatz – GA: Beispiele/Hilfe: Internet
- **Rätselseite**: Begriffe und Satzbildung in GA

Lösung S. 39

Lösung S. 40

Deutsch	Name: _____	Datum: _____	

Die wichtigsten drei **Satzglieder**

Schon mit zwei oder drei Wörtern kann man im Deutschen einen **ganzen Satz** bauen. Diese Wörter gehören zusammen, sie heißen **Satzglieder**.

Peter küsst Lisa.
Das Küssen gefällt ihr.

---

1. Satzglied: Satz_____ (das _____)

So finde ich dieses Teil im Satz:

Ich frage: _____ Antwort: _____ , das ist eine _____

    oder: _____ Antwort: _____ , das ist eine _____

Beispiele: *Frage und antworte!*

Die Kinder spielen. _____

Das Pferd wiehert. _____

Den Ball hat jetzt sie. _____

---

2. Satzglied: Satz_____ (das _____)

So finde ich dieses Teil im Satz:

Ich frage: _____ Fragewort: _____

    oder: _____ Fragewort: _____

Beispiele: *Frage und antworte!*

Die Kinder spielen. _____

Ich schaue den Film an. _____

Er wird getreten. _____

---

3. Satzglied: Satz_____ (das _____)

So finde ich dieses Teil im Satz:

Ich frage: _____ Antwort: _____ , Fragewort: _____

    oder: _____ Antwort: _____ , Fragewort: _____

Beispiele: *Frage und antworte!*

Luise winkt ihrer Freundin. _____

Max streichelt den Hund. _____

Ich esse ihn. _____

NEU: *Er rühmt sich guter Taten.* _____ .

Deutsch	Lösung

Die wichtigsten drei Satzglieder

Schon mit zwei oder drei Wörtern kann man im Deutschen einen **ganzen Satz** bauen. Diese Wörter gehören zusammen, sie heißen **Satzglieder**.

Peter küsst Lisa.
Das Küssen gefällt ihr.

1. Satzglied: Satz_gegenstand_ (das _Subjekt_)

So finde ich dieses Teil im Satz:

Ich frage: _Wer_ küsst Lisa?   Antwort: _Peter_ , das ist eine _Person._

    oder: _Was_ gefällt ihr?   Antwort: _Küssen_ , das ist eine _Sache._

Beispiele: *Frage und antworte!*

Die Kinder spielen.   _**Wer** spielt? **Die Kinder**_

Das Pferd wiehert.   _**Was** wiehert? **Das Pferd**_

Den Ball hat jetzt sie.   _**Wer** hat jetzt den Ball? **Sie**_

2. Satzglied: Satz_aussage_ (das _Prädikat_)

So finde ich dieses Teil im Satz:

Ich frage: _Was **tut** Peter? (küsst)_   Fragewort: _Was tut?_

    oder: _Was **tut** das Küssen? (gefällt)_   Fragewort: _Was tut?_

Beispiele: *Frage und antworte!*

Die Kinder spielen.   _**Was tun** die Kinder? **spielen**_

Ich schaue den Film an.   _**Was tue** ich? **anschauen**_

Er wird getreten.   _**Was tut** er? **wird getreten**_

3. Satzglied: Satz_ergänzung_ (das _Objekt_)

So finde ich dieses Teil im Satz:

Ich frage: _**Wen** küsst Peter?_   Antwort: _Lisa_ , Fragewort: _Wen?_

    oder: _**Wem** gefällt das Küssen?_   Antwort: _Ihr_ , Fragewort: _Wem?_

Beispiele: *Frage und antworte!*

Luise winkt ihrer Freundin.   _**Wem** winkt Luise? **Ihrer Freundin**_

Max streichelt den Hund.   _**Wen** streichelt Max? **Den Hund**_

Ich esse ihn.   _**Wen** esse ich? **Ihn**_

NEU: *Er rühmt sich guter Taten.* _**Wessen** rühmt er sich? **Guter Taten**_

Deutsch

Name: _____   **Datum:** _____

Umstandsbestimmungen: **Zeit** und **Ort**

Zeit
Ort

Sie beschreiben die näheren _____
einer Handlung genauer!

Peter kam gestern.
Sie bekam zwei Wochen Hausarrest.
Zweimal musste ich husten.

Bemale die Umstandsbestimmungen braun!

| Umstandsbestimmung der _____ |

Ich frage: _____   Fragewort: _____

oder: _____   Fragewort: _____

oder: _____   Fragewort: _____

Der Stift liegt auf dem Tisch.
Er geht ins Kino.
Susi kommt aus dem Bett.

Bemale die Umstandsbestimmungen lila!

| Umstandsbestimmung des _____ |

Ich frage: _____   Fragewort: _____

oder: _____   Fragewort: _____

oder: _____   Fragewort: _____

Wir probieren aus: **Alle Satzglieder** | Fragewort |

Bemale Satzgegenstand **grün**, -aussage **gelb**, -ergänzung **rot**, Bestimmung Ort **lila**, Bestimmung Zeit **braun**

Melanie streichelt die Katze im Garten.

Heute gehe ich ins Kino.

Hussein winkt manchmal seinem Nachbarn.

Der Torwart hielt dreimal den Torschuss.

Aus der Tiefe rufe ich sehr lange nach oben.

| Deutsch | Name: _____ | Datum: _____ |

Umstandsbestimmungen: **Art und Weise** und **Grund**

Sie beschreiben die näheren _____
einer Handlung genauer!

Art
~~**Grund**~~

Sie erteilte bereitwillig Auskunft.
Du hast wenig und flüchtig gelernt.
Mit einer Axt fällt er den Baum.

Bemale die Umstands-bestimmungen <u>türkis</u>!

... oder so

So ...

| Umstandsbestimmung der _____ |

Ich frage: _____, Fragewort: _____
oder: _____, Fragewort: _____
oder: _____, Fragewort: _____

Steffi schreit, weil sie spinnt.
Um zu glänzen, lernte er viel.

Bemale die Umstands-bestimmungen <u>orange</u>!

URSACHE   WIRKUNG

| Umstandsbestimmung des _____ |

Ich frage: _____
Fragewort: _____
oder: _____
Fragewort: _____

Wir probieren aus: **Fragewort**

Bemale Satzgegenstand **grün**, -aussage **gelb**, -ergänzung **rot**, Bestimmung <u>Art</u> **türkis**, Bestimmung <u>Grund</u> **orange**

Manfred isst zu viel und zu gierig.

Susanna schneidet Papier mit der Schere.

Olli fährt zu schnell.

Deshalb fällt die Schule aus.

Wir gehen zum Lachen in den Keller.

Deutsch	Name: _____	Datum: _____	

Getrennte und **zwei Verben** im Satz

Um das Prädikat (Verb) im Satz dreht sich alles: Es ist das wichtigste Satzglied! Manchmal muss das Prädikat an **zwei Stellen** positioniert werden. **Bilde Beispielsätze!**

Das Verb alleine …

Setzen!
Singen!
Bewegen!

… verstehen wir auch!

Verb(en)	Subjekt	Prädikat 1	Mittelfeld	Prädikat 2
aufstehen	*Frau Huber*	*steht*	*im Zug langsam*	*auf.*
müssen + gehen				
werden + waschen				
haben + machen				
weggehen				
gehen + spazieren				
mitsingen				
hören + singen				
durchmachen				
betreten (Vorsicht!)				

▶ Bilde Sätze aus **trennbaren Verben** (z. B. hier: www.bit.do/dSnjP)!

Deutsch	Beispiele

Getrennte und **zwei Verben** im Satz

Um das Prädikat (Verb) im Satz dreht sich alles: Es ist das wichtigste Satzglied! Manchmal muss das Prädikat an **zwei Stellen** positioniert werden. **Bilde Beispielsätze!**

Das Verb alleine …

Setzen!
Singen!
Bewegen!

… verstehen wir auch!

Verb(en)	Subjekt	Prädikat 1	Mittelfeld	Prädikat 2
aufstehen	Frau Huber	steht	im Zug langsam	auf.
müssen + gehen	Leyla	muss	früh ins Bett	gehen.
werden + waschen	Das Kind Kevin	wird	jetzt sein Gesicht	waschen.
haben + machen	Woldemar	hat	in die Hose	gemacht.
weggehen	Die Schüler	gehen	mit der Lehrerin	weg.
gehen + spazieren	Bringfriede	geht	mit ihrem Freund	spazieren.
mitsingen	Keiner	singt	das Lied	mit.
hören + singen	Man	hört	die kleine Agernesh	singen.
durchmachen	Wir armen Kinder	machen	in der Schule viel	durch!
betreten (Vorsicht!)	Der nette Lehrer	betritt	das Klassenzimmer.	

▶ Bilde Sätze aus **trennbaren Verben** (z. B. hier: www.bit.do/dSnjP)!

Deutsch	Name:_____	Datum: _____

RÄTSELSEITE

Kreuzworträtsel: Satzglieder gesucht!

Gesucht ist die Bezeichnung des jeweils markierten Satzgliedes:
Subjekt - Prädikat - Objekt
(Umstandsbestimmung) **Zeit - Ort - Art - Grund**

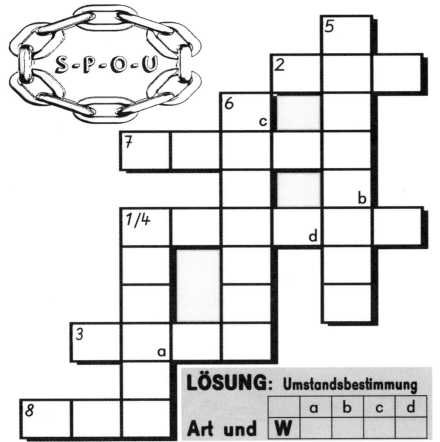

1 Ich schenke <u>meiner Oma</u> zum Geburtstag ein Haus.

2 Leider muss ich jetzt dann <u>ins Bett</u> gehen.

3 Ich kenne sie <u>seit meiner Kindheit</u>.

4 Wer <u>sein Leben</u> nicht annimmt, hat keines.

5 Was er sieht, <u>baut</u> er sofort <u>nach</u>.

6 <u>Niemand</u> traut sich hierher, <u>niemand</u> kommt.

7 Das Baby schlief <u>vor lauter Müdigkeit</u> ein.

8 Du bist <u>bis über beide Ohren</u> verliebt!

LÖSUNG: Umstandsbestimmung

Art und	W	a	b	c	d

Bild und Satz   *Bild + Logo = Satz mit Umstandsbestimmung*

_____   _____

_____   _____

Kompetenzorientierter Deutschunterricht PLUS 5. Jahrgangsstufe Band 4 © pb-Verlag München 2017

Deutsch	Lösung/Beispiele

RÄTSELSEITE

Satz-glieder

Kreuzworträtsel: Satzglieder gesucht!

Gesucht ist die Bezeichnung des jeweils markierten Satzgliedes:

Subjekt - Prädikat - Objekt

(Umstandsbestimmung) **Zeit - Ort - Art - Grund**

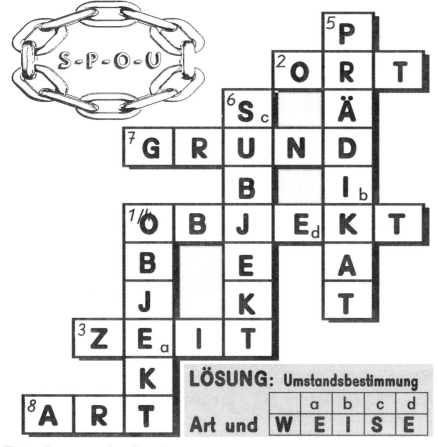

S-P-O-U

⁵P
²O R T
⁶S c | P R Ä
⁷G R U N D
B | D I b
¹O B J E d K T
B | E | A
J | K | T
³Z E a I T
K
⁸A R T

LÖSUNG: Umstandsbestimmung

Art und	a	b	c	d
	W	E	I	S	E

1 Ich schenke <u>meiner Oma</u> zum Geburtstag ein Haus.

2 Leider muss ich jetzt dann <u>ins Bett</u> gehen.

3 Ich kenne sie <u>seit meiner Kindheit</u>.

4 Wer <u>sein Leben</u> nicht annimmt, hat keines.

5 Was er sieht, <u>baut</u> er sofort <u>nach</u>.

6 <u>Niemand</u> traut sich hierher, <u>niemand</u> kommt.

7 Das Baby schlief <u>vor lauter Müdigkeit</u> ein.

8 Du bist <u>bis über beide Ohren</u> verliebt!

Bild und Satz *BEISPIELE*

 +

<u>Als die Kuh über die Ein-Brett-Brücke</u> ging, freute sie sich.

 +

<u>Gestern Abend</u> fuhr Erwin mit dem Rad auf ein Loch zu.

 +

<u>Weil er große Angst hat</u>, versteckt sich Dieter unter dem Tisch.

 +

Der Schnulzensänger Walter Wall singt <u>falsch und grässlich</u>.

THEMA

Die **Großschreibung erkennen**

*nach Wikipedia

KOMPETENZERWARTUNGEN

- Die allgemeinen Regeln zur Großschreibung kennen und anwenden
- **Signalwörter** und **Endungen** nutzen, um die Großschreibung zu erkennen
- Wortarten (Nomen, Verb, Adjektiv, Pronomen, Artikel, Vorwort*) benennen
- Anwendung der Klein- und Großschreibung in Alltagstexten

ARBEITSMITTEL/FUNDSTELLEN

Arbeitsblatt, Folie
Übungsblatt, Rätselseite
Internet

Hinweis

In leistungsschwächeren Klassen evtl. Wort-
arten weglassen bzw. mehrere Schritte!

Links: (Stand: November 2017)

www.bit.do/dTU4D
www.deutschonline.de/Deutsch/Grammatik/
  G_schreibung.htm
www.gesetze-im-internet.de/gg
www.bit.do/dTU5s

Wir haben keinerlei Einfluss auf die Gestaltung und die Inhalte
der gelinkten Seiten und übernehmen keine Haftung für die Seiten,
auf die verwiesen wird.

FOLIENBILD zur Hinführung

Mail von Walter

 Walter Groß

From: waltergross@klein.de
To: hirnhansi@herein.com
Subjekt: keine ahnung!

lieber hansi,
ich habe da ein problem. eigentlich ist mein schreiben in deutsch nicht schlecht - aber
diese rechtschreibung! unsere lehrerin, frau huber, meinte: du kannst nicht groß und
klein unterscheiden. so habe ich beim aufsatzschreiben immer viele fehler. frau huber
hat für mich kein verständnis! da hilft auch viel und langes üben nichts. frau huber hat
eben ihre eigene meinung. kannst du mir helfen? ich habe derzeit eine erkältung! paka!

TAFELANSCHIFT (Evtl. **Auswahl** – Beispiele von obiger Mail!)

Großschreibung *nach Wikipedia

Regel	Aber diese **R**echtschreibung! **K**annst du mir helfen? Frau **H**uber	Nomen Satzanfang Name
Signal	**ein** Problem **langes/viel** Üben **beim** Aufsatzschreiben **mein** Schreiben ihre Mein**ung** meine Schön**heit**	Begleiter (Artikel) Adjektiv/Mengenwort Vorwort* Possessivpronomen Verb + Nachsilbe Adjektiv + Nachsilbe

Vorschläge zum VERLAUF

2 - 3 Unterrichtsstunden

I) HINFÜHRUNG

- Folienbild: Mail nur in Kleinschreibung - Klärung - Vorwissen: Erste Vorschläge

Wann wird groß geschrieben?

II) ERARBEITUNG

- **AB: Groß geschrieben wird ...**

    - Alternative: Mail markieren, Sätze mit Großschreibung an Tafel, Tafelbild
    - Allgemeine Regeln (Satzanfang, Nomen, Doppelpunkt) gemeinsam, Lückentext auf AB
    - GA (arbeitsteilig): Signalwörter (Lückentexte, Wörter ermitteln, Zusammenschau, Tafelanschrift)
    - Nachsilben in EA/PA, Eintrag, eigene Beispiele (TA)
    - Rückgriff: Einstiegsmail richtig schreiben (PA/GA)

III) ANWENDUNG

- Rätselseite: Signal- ud Vorwörter (GA)
- Anfangsbuchstaben in GG-Artikeln (mit Buchstabenkontrolle): GA/PA

Lösung S. 49

Lösung S. 50

Deutsch	Name: _____	Datum: _____

Die Großschreibung erkennen

Groß geschrieben wird ...

Lehrsatz des Kevin:
Alles ist groß, außer es ist klein!

... am _____, _____, _____, nach dem _____

___m ___atzanfang schreibe ich groß – egal, welche ___ortart dort steht. Auch ___omen und ___igennamen, wie Herr ___eier, werden groß geschrieben. Nach einem ___oppelpunkt geht es groß weiter, wenn ein ganzer Satz folgt.

... nach _____wörtern   Markiere Signalwort und Großschreibung!

Nomen – Verb – Adjektiv	**Verb ▶ Nomen Adjektiv ▶ Nomen**
Nach einem _____ (der, _____)	**Nach** einem _____ (gut, viel, _____)
Der ___ann und die ___rau sind fröhlich. Das ist ein ___ommen und ___ehen. Das ___chöne an Mathe ist das ___aten! _____ Kind ist da!	Auf ein gutes ___elingen! Langes ___aden ist schädlich. Im Keller liegt manches ___lte. Wir erfahren hier wenig ___eues. Ich höre _____ Gutes.
Verb ▶ Nomen	**Verb ▶ Nomen**
Nach einem _____ (beim, im, am, _____)	**Nach** einem _____ (mein, unser, _____)
_____ Gehen erkennt man sie. Ich schreibe meistens _____ Sitzen. Nur beim ___chwimmen kann ich entspannen. Ich kenne sie _____ Hörensagen.	_____ Weinen hat dich aufgeweckt. Mir gefällt dein ___achen! Er ist so doof, _____ Grinsen regt mich auf. Hurra, unser ___ufen hatte Erfolg!

... **Adjektiv/Verb ▶ Nomen mit _____** (-ung, -heit, _____)

finster	▶ _____	meinen	▶ _____
frech	▶ _____	salben	▶ _____
tapfer	▶ _____	begraben	▶ _____
heilig	▶ _____	verstehen	▶ _____
trübe	▶ _____	erzählen	▶ _____

Kompetenzorientierter Deutschunterricht PLUS 5. Jahrgangsstufe Band 4 © pb-Verlag München 2017

Deutsch | Lösung

Die Großschreibung erkennen

Groß geschrieben wird ...

Lehrsatz des Kevin:
*Alles ist groß,
außer
es ist klein!*

... am <u>Satzanfang</u>, <u>Nomen</u>, <u>Namen</u>, **nach dem** <u>Doppelpunkt</u>

<u>A</u>m <u>S</u>atzanfang schreibe ich groß - egal, welche <u>W</u>ortart dort steht.
Auch <u>N</u>omen und <u>E</u>igennamen, wie Herr <u>M</u>eier, werden groß geschrie-
ben. Nach einem <u>D</u>oppelpunkt geht es groß weiter, wenn ein ganzer Satz folgt.

... **nach** <u>Signal</u>**wörtern** **Markiere Signalwort und Großschreibung!**

Nomen - Verb - Adjektiv	Verb ▶ Nomen Adjektiv ▶ Nomen
Nach einem <u>Begleiter (Artikel)</u> (der, <u>die, das, ein, eine</u>)	**Nach** einem <u>Adjektiv/Mengenwort</u> (gut, viel, <u>lang, wenig, manches</u> ...)
Der <u>M</u>ann und die <u>F</u>rau sind fröhlich. Das ist ein <u>K</u>ommen und <u>G</u>ehen. Das <u>S</u>chöne an Mathe ist das <u>R</u>aten! <u>Das</u> Kind ist da!	Auf ein gutes <u>G</u>elingen! Langes <u>B</u>aden ist schädlich. Im Keller liegt manches <u>A</u>lte. Wir erfahren hier wenig <u>N</u>eues. Ich höre <u>viel</u> Gutes.
Verb ▶ Nomen	**Verb ▶ Nomen**
Nach einem <u>Vorwort</u> (beim, im, am, <u>zum, vom</u> ...)	**Nach** einem <u>Possessivpronmen</u> (mein, unser, <u>dein, ihr, sein,</u> ...)
<u>Am</u> Gehen erkennt man sie. Ich schrei- be meistens <u>im</u> Sitzen. Nur beim <u>S</u>chwimmen kann ich entspannen. Ich kenne sie <u>vom</u> Hörensagen.	<u>Mein</u> Weinen hat dich aufgeweckt. Mir gefällt dein <u>L</u>achen! Er ist so doof, <u>sein</u> Grinsen regt mich auf. Hurra, unser <u>R</u>ufen hatte Erfolg!

... **Adjektiv/Verb ▶ Nomen mit** <u>Nachsilbe</u> (-ung, -heit, <u>-nis, -tum, -sal</u> ...)

finster	▶ <u>Finsternis</u>	meinen	▶ <u>Meinung</u>
frech	▶ <u>Frechheit</u>	salben	▶ <u>Salbung</u>
tapfer	▶ <u>Tapferkeit</u>	begraben	▶ <u>Begräbnis</u>
heilig	▶ <u>Heiligtum</u>	verstehen	▶ <u>Verständnis</u>
trübe	▶ <u>Trübsal</u>	erzählen	▶ <u>Erzählung</u>

| Deutsch | Name: _____ | Datum: _____ |

RÄTSELSEITE

Kreuzworträtsel: Welches **Signalwort** passt in den Platzhalter?

Groß klein

1 Erkan hat sich ☝ Basteln verletzt.

2 Wir haben durch ✌ Üben viel erreicht!

3 Wir bekamen ein 🤟 Essen.

4 ☝ Lachen gehe ich in den Keller.

5 Ich wünsche dir 🖐 Gute!

6 Nur durch 🤟 Laufen konnte ich mich retten!

7 🖐 Gehen fällt dem Behinderten schwer!

8 Der Faule ist 🖐 Dumme.

Lösung ☝ 🖐

Die Zeichen deuten auf die unterschiedlichen
Wort ☐☐☐☐☐ der Signalwörter hin!

Bild & Satz

Formuliere mit **jedem Bild** und **jedem Vorwort** einen Satz!
Markiere die Anfangsbuchstaben der groß geschriebenen Verben: **Etwas** _____

| Vorwort | + | Verb | + | Rest | = | Satz |

beim

zum

am

für

vom

5 Buchstaben

6 Buchstaben

8 Buchstaben

6 Buchstaben

8 Buchstaben

1 Er ist am **A**ufheben _____

2 _____

3 _____

4 _____

5 _____

Deutsch	Name: _____	Datum: _____	

WIR RETTEN UNSER GRUNDGESETZ!

Einige Artikel des deutschen Grundgesetzes verloren
Anfangsbuchstaben!
Stellt zusammen die Artikel wieder her!
Entscheidet: Groß oder klein?

w
a P F s D
G
m

Artikel 3: Mann, Frau, Behinderte

___änner und ___rauen sind ___leichberechtigt. Der ___taat ___ördert die ___atsächliche ___urchsetzung der ___leichberech-tigung von ___rauen und ___ännern und wirkt auf die ___eseitigung bestehender ___achteile hin. ___iemand darf wegen seines ___eschlechtes, seiner ___bstammung, seiner ___asse, seiner ___prache, seiner ___eimat und ___erkunft, seines ___laubens, seiner religiösen oder ___olitischen ___nschauungen benachteiligt oder ___evorzugt werden. ___iemand darf ___egen seiner ___ehinderung benachteiligt werden.

20-mal groß
6-mal klein

E o G

Artikel 6: Familie, Kinder

___he und ___amilie stehen unter dem ___esonderen ___chutze der staatlichen ___rdnung. ___flege und ___rziehung der ___inder sind das ___atürliche ___echt der ___ltern und ihre ___flicht. Über ihre ___etätigung wacht die ___taatliche ___emeinschaft. Gegen den ___illen der ___rziehungsberechtigten dürfen ___inder nur auf ___rund eines ___esetzes von der ___amilie getrennt werden, wenn die ___rziehungsberechtigten versagen oder wenn die Kinder aus anderen ___ründen zu ___erwahrlosen ___rohen.

20-mal groß
5-mal klein

H b K

Artikel 146: Gültigkeit

Dieses ___rundgesetz, das nach ___ollendung der ___inheit und ___reiheit Deutschlands für das gesamte ___eutsche ___olk gilt, verliert seine ___ültigkeit an dem ___age, an dem eine ___erfassung in ___raft tritt, die von dem deutschen ___olke in ___reier ___ntscheidung ___eschlossen worden ist.

11-mal groß
3-mal klein

Wikipedia

THEMA

Schreibung **verwandter** Wörter
Das Stammprinzip

KOMPETENZERWARTUNGEN

- Beachten, dass in den abgeleiteten Formen der Wortstamm wiederzuerkennen ist
- Ausgewählte Beispiele zu e/ä, eu/äu, zur Zusammensetzung (Wortstamm erhalten) usw.
- Den Wortstamm, verwandte Wörter und die Wortherkunft ermitteln
- Strategien (u. a. Faustregel) nutzen, um Probleme in der Rechtschreibung abzubauen

ARBEITSMITTEL/FUNDSTELLEN

Arbeitsblatt, Folie
Rätselseite
Internet

Begriff *Stammprinzip*:
Wörter, die den gleichen Wortstamm haben, werden gleich geschrieben.

Links: (Stand: November 2017)
www.schriftdeutsch.de/ortr-ety.htm
www.deutsch.lingolia.com/de/rechtschrei-
bung/vokale/e-oder-ae
www.bit.do/dT6De
www.youtube.com/watch?v=avIWsHLjrFk
www.bit.do/dT6Fs (Übersicht)

Wir haben keinerlei Einfluss auf die Gestaltung und die Inhalte der gelinkten Seiten und übernehmen keine Haftung für die Seiten, auf die verwiesen wird.

Ein **Babynamenrätsel** (auf Folie)

Heißt das Kind von **Romina Wendel** und **Fritz Vorwand** Kevin **Aufw_ä_ndig** oder Kevin **Aufw_e_ndig**?

Opa Hugo **Wend**

vererbt den Namen **"Wend"**
an:

Sohn Josef **Wenden**

Enkel Erich **Aufwendung**

Enkelin Romina **Wendel**

Oma Erika **Wand**

vererbt den Namen **"Wand"**
an:

Tochter Amelie **Aufwand**

Enkelin Sarah **Wandlung**

Enkel Fritz **Vorwand**

Vorschläge zum VERLAUF

I) HINFÜHRUNG

- Folienbild: "Babynamen" – Rätsel zur Schreibung von "aufwendig/aufwändig" – schrittweises Klären und Markieren – Meinungen

  Woher kommt das Wort? (ä – e ...)

II) ERARBEITUNG

- **AB "Woher kommt das Wort?"**

  - Wiederholung (Grundschule): Wortstamm/Wortfamilie zu **-fahr-**, Beispiele in GA
  - Klären der Faustregel zum Stammprinzip (UG, Beispiele)
  - Anwendung (e/ä, äu/äu, andere Buchstaben) in GA (Suchen/Markieren)
  - Auswertung: Kontrolle und Begründung

III) ANWENDUNG/AUSWEITUNG

- **Rätselseite**: Mitlauthäufung und Wortstamm in GA
- Suchaufgaben (Beispiele siehe unten): Ganzjährige Aufgabe in EA/PA/GA

SUCHAUFGABEN (Muster zu e/ä)
Ganzjährig, nach Bedarf

Internet: Wortfamilie, Wortherkunft
Weitere Beispiele z. B. unter
- www.bit.do/dT6dQ
- de.wiktionary.org

Kenne ich Verwandte?

Streitfrage	Verwandte/Besonderheiten	Entscheidung
Ged<u>ä</u>chtnis oder Ged<u>e</u>chtnis?	denken, ich d<u>a</u>chte, Ged<u>a</u>nken ... Näher verwandt mit "dachte"?	Ged<u>ä</u>chtnis
<u>Ä</u>rger oer <u>E</u>rger?	<u>a</u>rg, <u>ä</u>rgerlich, <u>a</u>rglos, <u>A</u>rgwohn ...	<u>Ä</u>rger
sp<u>ä</u>t oder sp<u>e</u>t?	Kein Verwandter: Merkwort!	sp<u>ä</u>t
Gew<u>e</u>hr oder Gew<u>ä</u>hr?	Zwei Bedeutungen: Gewehr: w<u>e</u>hren, W<u>e</u>hr, Abw<u>e</u>hr, ... Gewähr: w<u>a</u>hren, gew<u>ä</u>hren, ...	Gew<u>e</u>hr und Gew<u>ä</u>hr!
Kr<u>ä</u>he oder Kr<u>e</u>he?	Vielleicht den Laut nachahmend: Kr<u>a</u>h!	Kr<u>ä</u>he

Deutsch

Name: _____   Datum: _____

So	älter	Mäuse	lahm	Gemälde
Oder	oder	oder	oder	oder
So	elter?	Meuse?	lam?	Gemählde?

Richtig schreiben:

Woher kommt das Wort?
Wortstamm – Wortfamilie

Das kennen wir aus der Grundschule:

Markiere den Stamm!

Ableitungen aus dem Wortstamm

• mit Vor- oder Nachsilbe:

_____

_____

_____

_____

-fahr-

• mit Vor- und Nachsilbe:

_____

_____

_____

_____

• verwandte: _____

Der **Wortstamm** ist der Teil eines Wortes, an den man _____ anhängen kann.

Bei der Ableitung können Buchstaben durch _____ ausgetauscht werden (Kraft - kräftig).

Die Faustregel zur Schreibung:

Ich kenne den Wortstamm? Ich kenne verwandte Wörter?

Dann übernehme ich die Schreibung – und habe meistens recht!

Markiere jeweils die Buchstaben *a/ä/au/äu* grün *e/eu* blau!

ä oder e?
Suche jeweils den Wortstamm mit **a** oder **e**!

Nähe: _____

er lebt: _____

Ärger: _____

Täler: _____

ehrlich: _____

nämlich: _____

! sprechen: _____

äu oder eu?
Suche jeweils den Wortstamm mit **au** oder **eu**!

bl____lich: _____

R____ber: _____

ger____mig: _____

Z____ge: _____

h____te: _____

h____len: _____

! S____le _____

Auch andere Buchstaben vererbt der Wortstamm seinen Verwandten!
Suche verwandte Wörter und markiere jeweils den Stamm!

Stuhl: _____

mahl(en): _____

mal(en): _____

back(en): _____

lahm: _____

kalt: _____

froh: _____

les(en): _____

lieb: _____

Sohn: _____

Tee: _____

Saal: _____

Deutsch | Lösung

So älter Mäuse lahm Gemälde
Oder oder oder oder oder
So elter? Meuse? lam? Gemählde?

Richtig schreiben:

Woher kommt das Wort?
Wortstamm – Wortfamilie

Das kennen wir aus der Grundschule:

Markiere den Stamm!

Ableitungen aus dem Wortstamm

•mit Vor- oder Nachsilbe:

fahren
Fahrer
Gefahr
Nachfahr
Fahrt

-fahr-

•mit Vor- und Nachsilbe:

befahren
abfahren
wegfahren
umfahren
erfahren

•verwandte: Fahrlässigkeit, Fährte, führen, Fähre, gefährlich usw.

Der **Wortstamm** ist der Teil eines Wortes, an den man __Silben__ anhängen kann.

Bei der Ableitung können Buchstaben durch __ähnliche__ ausgetauscht werden (Kraft – kräftig).

Die Faustregel zur Schreibung:

Ich kenne den Wortstamm? Ich kenne verwandte Wörter?

Dann übernehme ich die Schreibung – und habe meistens recht!

Markiere jeweils die Buchstaben a/ä/au/äu grün e/eu blau!

ä oder e?
Suche jeweils den Wortstamm mit **a** oder **e**!

Nähe:	nah
er lebt:	leb(en)
Ärger:	arg
Täler:	Tal
ehrlich:	Ehre
nämlich:	Name
! sprechen:	Sprache

äu oder eu?
Suche jeweils den Wortstamm mit **au** oder **eu**!

bl_äu_lich:	blau
R_äu_ber:	rauben
ger_äu_mig:	Raum
Z_eu_ge:	Zeug
h_eu_te:	nicht bekannt
h_eu_len:	nicht bekannt
! S_äu_le	nicht bekannt (S~~äu~~)

Beispiele:

Stuhl: Stühle, Stuhlbein, ...	froh: Frohsinn, fröhlich
mahl(en): Mahlstein, Mehl, Mühle	les(en): Lesung, sie liest
mal(en): Muttermal, Gemälde	lieb: Liebling, liebevoll, zuliebe
back(en): Bäcker, Gebäck	Sohn: versöhnen, Sühne
lahm: gelähmt, lahmlegen	Tee: Tees, Teebeutel, Teesorte
kalt: Kälte, kälter, kaltstellen	Saal: Festsaal, Kreißsaal, (Säle)

| Deutsch | Name:_____ | Datum: _____ |

RÄTSELSEITE

Kreuzworträtsel: Nichts geht verloren!

Setze ich zwei Wörter zusammen und treffen gleiche Mitlaute zusammen, bleiben alle erhalten: *zäh + heit = Zähheit*

fff

Nuss

rrr

stst

8/6

7 2

9

3

1

5

4

Gesucht: Jeweils ein sinnvoller Bestandteil des in den Kästchen zusammengesetzten Wortes

1 Schlimmer Zustand: **miss + S...**

2 Viel Stoff: **Stoff + F...**

3 Mitführmaterial: **Fluss + S...**

4 unabhängig: **s... + ständig**

5 Gefühllosigkeit: **r... + heit**

6 Gewässerverkehr: **S... + Fahrt**

7 Süßigkeit: **Nuss + Sch...**

8 Viele Veränderungen: **schnell + l...**

9 Putzmittel: **Geschirr + R...**

LÖSUNG
Ein Drei-Konsonantenwort:

| | | | N | N | N | | | |

Bilderrätsel: Stamm und Verwandter gesucht!

Stamm:	Stamm:	Stamm:
1 + (läufer) 4 5 6	e = ü 3 4 + 4 5	e = ä 5 + 2 b = n

Deutsch	Lösung

RÄTSELSEITE

Kreuzworträtsel: Nichts geht verloren!

Setze ich zwei Wörter zusammen und treffen gleiche Mitlaute zusammen, bleiben alle erhalten: zäh + heit = Zähheit

S C H I F F F A H R T

fff

N U S S S C H O K O L A D E

Nuss

F L U S S S A N D

rrr

R O H H E I T

S E L B S T S T Ä N D I G

stst

M I S S S T A N D

S C H N E L L L E B I G

S T O F F F Ü L L E

G E S C H I R R R E I N I G E R

Gesucht: Jeweils ein sinnvoller Bestandteil des in den Kästchen zusammengesetzten Wortes

1 Schlimmer Zustand: **miss + S...**

2 Viel Stoff: **Stoff + F...**

3 Mitführmaterial: **Fluss + S...**

4 unabhängig: **s... + ständig**

5 Gefühllosigkeit: **r... + heit**

6 Gewässerverkehr: **S... + Fahrt**

7 Süßigkeit: **Nuss + Sch...**

8 Viele Veränderungen: **schnell + l...**

9 Putzmittel: **Geschirr + R...**

LÖSUNG
Ein Drei-Konsonantenwort:

B R E N N N E S S E L

Bilderrätsel: Stamm und Verwandter gesucht!

Stamm: lauf-	Stamm: gut	Stamm: Garten
  1 + ... ₄ ₅ ₆	e = ü  3 4 + ... 4 5	e = ä 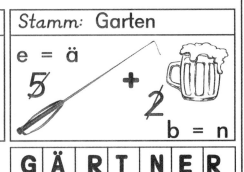 5 + ... 2 b = n

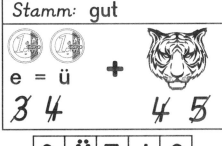

E I N L A U F   **G Ü T I G**   **G Ä R T N E R**

THEMA

Gleiche Schreibung

Das Analogieprinzip: Beispiele **-ie** und **Dehnungs-h**

KOMPETENZERWARTUNGEN

- Wörter, die keiner Regel folgen, richtig schreiben
- Die Schreibung bei Vokaldehnung von ähnlichen, bekannten Wörtern übernehmen
- Lang- und kurzgesprochene Vokale in den Wörtern erkennen
- Wörter mit Dehnungszeichen (-i̱e̱ und h) suchen und Gemeinsamkeiten finden

ARBEITSMITTEL/FUNDSTELLEN

Arbeits- und Übungsblätter, Folie
Rätselseite
Wörtersammlungen (Internet, Blatt/Text)

Hinweis:
Die Vorübung (Unterscheiden von lang- und kurzge-
sprochenen Vokalen) kann an jedem beliebigen Text
erfolgen. Eingrenzung: **ie**/stummes **h** usw.!

Links: (Stand: Dezember 2017)

www.uni-due.de/~lge292/trainer/trainer/
    seiten/s728.html
www.bit.do/dUJq3
www.bit.do/dUJq6
www.de.wiktionary.org/wiki/Verzeichnis:
    Deutsch/Wörter_mit_ie

Wir haben keinerlei Einfluss auf die Gestaltung und die Inhalte
der gelinkten Seiten und übernehmen keine Haftung für die Seiten,
auf die verwiesen wird.

FOLIENBILD zur Hinführung

fies   mir
liegen   Dieb
mies   wiegen
ihm
hier   Knie

Bi̱e̱r oder Bi̱r?

Daniel schlussfolgert

Zur Vorübung:

Selbst-/Umlaute	
lang	**kurz**
aeiou äöü	aeiou äöü
Di̱e̱ Hi̲tze i̲st ri̱e̱sig.	
Sa̱hne ka̲nn Ma̲x rü̱hren.	

VORÜBUNG

Sammlung lang- und kurzgesprochener Vokale (Schwerpunkt i/h)
Sprechen – Erkennen – geordnetes Herausschreiben – Markieren

legen   Krise   hiesig   Lohn   Pizza   Nest   Vieh
Wahn   lahm   Riese
Niere   zehn   Käse   Bett   Lawine   viel   prima
Kakadu   ihnen   dünn   ohne   Ruhm
Bett   Topf   Mutter   Kantine   Ähre   Ungeziefer
versöhnen   kalt   lieb
rennen   Leiter   Wette   wider
lila   Huhn   nämlich   Raum   nie
biegen   damals   Kälte   ohne
Wahl   Ecke   stehlen   Gebühr
Uhr   Blech   wühlen
Paradies   böse   kühl   niedlich   denkbar   Klima
fuhr   Rum   Kaninchen
Archiv   die   Apfelsine   zahm   Witz
lehren   dehnen   Katze   lecker
siech   gähnen   schielen   Höhle
wir   dröhnen   Primel   zieht   Weihnachten

Lösung S. 61

Lösung S. 62

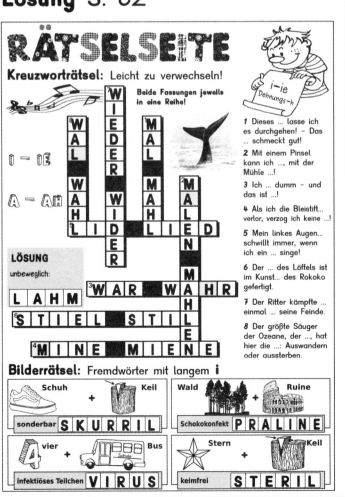

| Deutsch | Name: _____ | Datum: _____ |

Richtig schreiben:

Vieles ist gleich!

Langes i

Das **i** wird in diesen Beispielen lang gesprochen.
Bemale die gleiche Schreibung (**i, ie, ih**) in gleichen Farben! Ein Wort passt nicht dazu!

> GIEBEL   WIR   IHM   SIEBEN
> BRIEF   PILZ   DIESE   LIEBE
> FLIEHT   GIBT   VITRINE
> IHNEN
> NIERE   SCHRIE   LANGWIERIG

Ich sehe: **Meistens** wird das **i** durch ein ___ (als _____) lang gemacht (zu *80 - 90* %).

Die Faustregel zum langen i:

Das **i** wird lang gesprochen? Ich überlege: Gehört das Wort zu den wenigen ____ oder _____-Beispielen? **Sonst:** _____!

Ich merke mir:

i Beispiele von oben und eigene: _____
_____

Schreibung bei _____

ih Beispiele von oben und eigene: _____

Schreibung bei _____

Ansonsten: ie   <u>mit</u> (er s**ie**ht) und <u>ohne</u> (fr**ie**ren) **Dehnungs-h!**

Beispiele von oben: _____

_____

Ich teste!

Apfels____ne - v___l - ____gel - V___h - L___d
oder L___d - Kn___ - ____nen - g___b - w___der
oder w___der - Kl___ma - Chem___ - Beisp___l - n___

Deutsch | Lösung

Richtig schreiben:
Vieles ist gleich!

Das **i** wird in diesen Beispielen lang gesprochen.
Bemale die gleiche Schreibung (**i, ie, ih**) in gleichen Farben! Ein Wort passt nicht dazu!

Langes i

GIEBEL — WIR — IHM — SIEBEN
BRIEF — (PILZ) kurzes i — LIEBE
GIBT — DIESE
FLIEHT — IHNEN — VITRINE
NIERE — SCHRIE — LANGWIERIG

Ich sehe: **Meistens** wird das **i** durch ein _e_ (als _ie_) lang gemacht (zu 80 - 90 %).

Die Faustregel zum langen i:

Das **i** wird lang gesprochen? Ich überlege: Gehört das Wort zu den wenigen _i_ oder _ih_ -Beispielen? **Sonst:** _ie_ !

Ich merke mir:

i Beispiele von oben und eigene: _wir, gibt, Vitrine, dir, Maschine, Tiger, Praline, er gibt, Familie, mir, Igel ..._
Schreibung bei _einsilbigen Wörtern, Fremdwörtern mit -ine (...)_

ih Beispiele von oben und eigene: _ihm, ihnen, ihr_
Schreibung bei _Pronomen_

Ansonsten: ie _mit_ (er s**ieh**t) und _ohne_ (fr**ie**ren) **Dehnungs-h!**

Beispiele von oben: _Giebel, Brief, flieht, Niere, schrie, sieben, Liebe, diese, langwierig, Friede, hier, Krieg, Mieze,_ de.wiktionary.org/wiki/Verzeichnis:Deutsch/Wörter_mit_ie

Ich teste! Apfels_i_ne - v_ie_l - _I_gel - V_ie_h - L_ie_d
oder L_i_d - Kn_ie_ - _ih_nen - g_i_b - w_ie_der
oder w_i_der - Kl_i_ma - Chem_ie_ - Beisp_ie_l - n_ie_

| Deutsch | Name: _____ | Datum: _____ |

Das Dehnungs-h

lässt uns die Vokale **davor** lang sprechen:

Uh...

14 % der Vokaldehnungen erfolgen durch das **Dehnungs-h!**

la**hm** - Me**hl** - i**hr** - o**hne** - U**hr** - Zä**hne** - Hö**hle** - kü**hl**

Wann schreibe ich (vielleicht) **ein Dehnungs-h?**

Die obigen Beispiele lassen sich ordnen! Beachte die Markierungen! Suche eigene Beispiele!

vor _____	vor _____	vor _____	vor _____
_____	_____	_____	_____
_____	_____	_____	_____
_____	_____	_____	_____
_____	_____	_____	_____
_____	_____	_____	_____
_____	_____	_____	_____
_____	_____	_____	_____
_____	_____	_____	_____
_____	_____	_____	_____

Unsere Faustregel zum Dehnungs-h:

Der Vokal wird lang gesprochen? **Nach** ihm **höre** ich ein _____?
Oft schreibe ich dann ein _____ dazwischen!

Aber nicht immer!

Hier siehst du **Ausnahmen** von unserer Faustregel.
Welche **Buchstaben verhindern** hier das Dehnungs-h?

Beispiele	Verhinderer
Lehranstalt: _____ ☐☐☐☐	
Geld zurücklegen: __ ☐☐☐☐	Die Buchstaben _____
Luftschwingung: ____ ☐☐☐☐	am _____
Froschgeräusch: ____ ☐☐☐☐	
g: _____ ☐☐☐	
Stützpfosten: _____ ☐☐☐	Die _____laute _____
zum Wohnen: _____ ☐☐☐	
Alkohol. Getränk: __ ☐☐☐	_____ .

| Deutsch | Name:_____ | Datum: _____ |

RÄTSELSEITE

Kreuzworträtsel: Leicht zu verwechseln!

Beide Fassungen jeweils in eine Reihe!

I – IE

A – AH

i–ie
Dehnungs-h

1 Dieses ... lasse ich es durchgehen! – Das ... schmeckt gut!

2 Mit einem Pinsel kann ich ..., mit der Mühle ...!

3 Ich ... dumm – und das ist ...!

4 Als ich die Bleistift... verlor, verzog ich keine ...!

5 Mein linkes Augen... schwillt immer, wenn ich ein ... singe!

6 Der ... des Löffels ist im Kunst... des Rokoko gefertigt.

7 Der Ritter kämpfte ... einmal ... seine Feinde.

8 Der größte Säuger der Ozeane, der ..., hat hier die ...: Auswandern oder aussterben.

LÖSUNG

unbeweglich:

Bilderrätsel: Fremdwörter mit langem i

c = k
5 = r
3
1
e = r

sonderbar

W = PR
4
1
2

Schokokonfekt

4
3
1

infektiöses Teilchen

5
1
2

keimfrei

Deutsch	Übung in Gruppen

Wörterpuzzle

Setzt Wörter zusammen mit
- **i, ih, ie** (Mine – ihm – Sieb)
- **Dehnungs-h** (Mehl)
- **Doppelvokal** (Saal)

Schreibt sie geordnet auf:

LANG GESPROCHENE VOKALE

i	ih	ie		hl	hm	hn	hr		aa	ee	oo

Ergänzt die Tabellen durch eigene Beispiele!

na + i + v = naiv

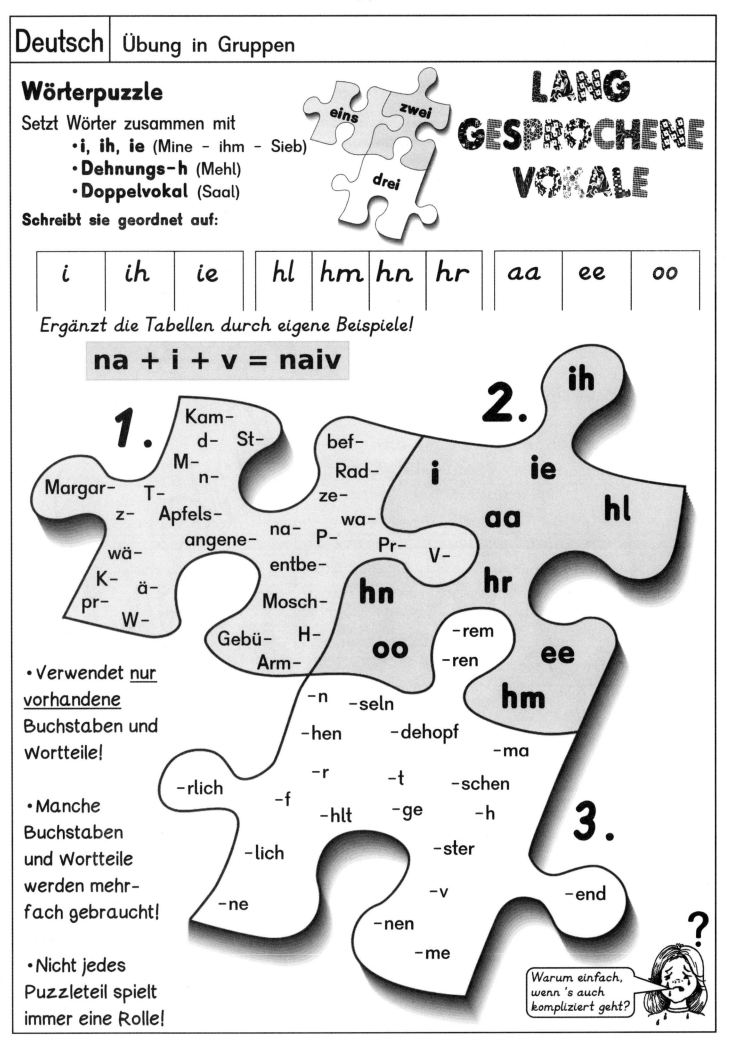

1.

Kam- d- St- M- n- Margar- T- z- Apfels- angene- na- wä- K- ä- pr- W-

bef- Rad- ze- wa- P- Pr- V- entbe- Mosch- Gebü- H- Arm-

2.
i ih ie aa hl hr hn ee oo hm

-rem -ren -n -seln -hen -dehopf -r -t -schen -ma -f -hlt -ge -h -rlich -lich -ster -v -ne -nen -me -end

3.

- Verwendet <u>nur</u> vorhandene Buchstaben und Wortteile!

- Manche Buchstaben und Wortteile werden mehrfach gebraucht!

- Nicht jedes Puzzleteil spielt immer eine Rolle!

Warum einfach, wenn 's auch kompliziert geht?

| Deutsch | Name: _____ | Datum: _____ | |

Die Mumie erzählt: Wir helfen ihr!

Unsere Mumie tut sich schwer, die **Vergangenheitsformen** von **Verben** zu bilden: Sie hängt **immer** ein **-te** ans Verb! Manchmal stimmt die Form sogar. *Markiere die falschen Formen rot!*

Hallo, Freunde, hier schreibt Xin Zhui!

Das iste mein Name vor meiner Mumifizierung. Später nennte man mich dann Marquise von Dai.
Ich binte ein ganz normales Kind: Ich laufte im Palast herum, steigte auf Pyramiden, schreite nach Herzenslust und meidete keine Gefahr! Im Schulalter werdete ich dann vernünftiger: Ich schreibte gerne, schlafte nachts weniger und bleibte länger auf, um meine Aufgaben zu erledigen. Was ich immer schon gerne tute, iste Angeln. Einmal sitzte ich am Teich, als eine Zofe (sie heißte Tin-Tin) kommte und mich fragte: „Na, beißen die Fische?" Ich antwortete ihr frech: „Nein, du kannst sie ruhig streicheln!" Ja, ich tretete sehr frech auf in meiner Jugend. Irgendwann gehte ich von der Schule heim und rufte meiner Mutter zu: „Heute haben wir hitzefrei!" „Was?", fragte sie, „mitten im Winter?" „Ja," verratete ich ihr, „die Schule brennt!" Kurze Zeit darauf stehte ich vor der Shihuángdìs-Pyramide und starrte nach oben. Bald versammelten sich viele Leute hinter mir und blickten auch hinauf. Immer mehr Bewohner werdeten es, die hinaufguckten. Irgendwann erscheinte ein Pyramidenwächter und fragte mich, was es da oben zu sehen gäbe. Dabei schaute ich gar nicht hinauf. Ich habte nur Nasenbluten! Verzeihte man mir mein Verhalten?

Schreibt geordnet heraus:

Vergangenheitsformen

te	-ie	Andere Form
ich rette	ich meide	ich fahre
ich rettete	ich mied	ich fuhr

Kompetenzorientierter Deutschunterricht PLUS 5. Jahrgangsstufe Band 4 © pb-Verlag München 2017

THEMA	

Zeichensetzung

2 - 4 Unterrichtsstunden

KOMPETENZERWARTUNGEN

- Die Bedeutung der Satzzeichen zur Gliederung von Sätzen in Sinneinheiten erfahren
- Satzzeichen in unterschiedlichen Satzarten richtig anwenden
- Bindewörter kennen und meistens mit Kommata einsetzen
- Passende Satzzeichen in Texten wählen

ARBEITSMITTEL/FUNDSTELLEN

Arbeitsblätter, Folie
Lückentext, Internet

Vereinfachung:
Die Begriffe **Haupt-** und **Nebensatz**
wurden hier vermieden!

Links: (Stand: Dezember 2017)

www.bit.do/dU4ou (Übersicht)
www.goo.gl/VdwFAm (Text mit Zeichen)
www.deutschunddeutlich.de/contentLD/GD/
        GGr9Konjunktion.pdf
www.bit.do/dU4qg

Wir haben keinerlei Einfluss auf die Gestaltung und die Inhalte der gelinkten Seiten und übernehmen keine Haftung für die Seiten, auf die verwiesen wird.

FOLIE (TEXT) zur Hinführung

Wie machen wir den Text übersichtlich und verständlich?

Brief an Susanne liebe Susanne

ich bins hast du gewusst dass Moritz spinnt ja der hat gestern total durchgedreht als ich ihm nämlich verriet dass ihn unsere Lehrerin beim Spicken erwischte schrie er mich an kümmere dich um deine eigene Sachen und so kannst du das fassen nein unglaublich dabei wollte ich dem Idioten der mich mal kann nur helfen so das wars für heute tschüs

Lösung S. 71

Satzzeichen

Trage in die Platzhalter passende Satzzeichen ein!

| . | : | – | ? | " | ! | ( ) |
| ; | , | ... | **K** Kein Satzzeichen |

Eine übertriebene Geschichte:

Gewaltspirale

An manchen Stellen sind mehrere Satzzeichen möglich. Wähle passende!

Es war ein richtiger Anlass [,] der die Banknachbarn Andi Meier und Kevin Bauer zu Todfeinden machte [.] Kevin öffnete das Fenster [,] neben dem er saß [.] Sofort schüttelte Andi den Kopf [:] ["] Mach das Fenster zu [!] ["] Doch Kevin weigerte sich [.] Andi lief um den Tisch [,] griff an das Fenster [–] und schon hatte er Kevins Hand im Nacken [.] Wir wissen alle [,] was jetzt folgte [:] Die beiden schrien sich an [,] wobei sie sich immer deftigere Schimpfwörter an die Köpfe warfen [.] Sie steigerten sich in eine heftige Auseinandersetzung hinein [:] Zunächst stritten sie mit Worten [.] [(] Du Sch... [)] kerl war noch das Harmloseste [)] [,] doch dabei blieb es nicht [!] Sie schubsten sich [,] und schon lagen sie ringend und schlagend am Boden [.] Die Mitschüler griffen nicht schlichtend ein [,] im Gegenteil [,] manche feuerten die Streithähne noch an [.] Andi griff mit einer Hand an den Mund und jaulte [:] ["] Mein Zahn [!] Mein Zahn ist abgebrochen [!] ["] Die Lehrerin kam in das Klassenzimmer [,] schrie los [,] zog die beiden Feinde auseinander und versetzte Kevin ganz nach hinten [.] Ein normaler Gewaltexzess [,] wie man ihn fast täglich erleben kann [.] Oder doch nicht [?]

Es war am nächsten Tag gegen 7 Uhr 30 [.] Kevin wartete schon vor der Schule auf Einlass [.] Plötzlich wurde er von einer starken Hand am Hemd gepackt [K] und hochgezogen [.] Es war Andis Vater [!] Der begann nun [,] Kevin zu beschimpfen [K] und zu bedrohen [:] ["] Die Zahnarztrechnung bezahlst du [,] du kleiner Mistkerl [!] ["] Er ließ Kevin los [,] gab ihm eine heftige Watsche [(] Ohrfeige [)] und zog ab [.] Als am Nachmittag Kevins Vater von diesem Vorfall erfuhr [,] stieg er ins Auto und fuhr zornig [K] und wütend zu Andis Wohnung [.] Er läutete an der Haustüre und versetzte ohne Worte dem [,] der öffnete [,] einen Faustschlag auf die Nase [:] Es war Andis Vater [,] Herr Meier [!] Der Faustschlag war so stark [,] dass das Nasenbein des Herrn Meier gebrochen war [.] Noch zwei unangenehme Begegnungen gab es an diesem Tag [!] Im Supermarkt trafen Andis und Kevins Mütter aufeinander [.] Nach kurzen Wortgefechten gingen die beiden aufeinander los [K] und zerkratzten sich mit spitzen Fingernägeln die Gesichter [.] Dem Personal des Super-

(Wird fortgesetzt)

Lösung S. 72

marktes gelang es schließlich [,] die zwei Frauen aus getrennten Ausgängen hinauszubegleiten [.] Die zweite Begegnung [:] Die beiden älteren Schwestern der Streithähne Andi und Kevin [–] bis gestern eigentlich gute Freundinnen [–] begegneten sich zufällig im örtlichen Baumarkt [.] Schon griff die eine ins Regal und hatte ein Holzbrett in der Hand [.] Die andere lief zunächst ein Stück weit weg [,] um dann umzukehren und einen Spaten aus dem Regal zu holen [.] So standen sie sich also gegenüber [,] bereit zum Zuschlagen [!] Nur der zufälligen Anwesenheit eines Polizisten im Baumarkt war es zu verdanken [,] dass die beiden Mädchen voneinander abließen [.] An diesem Abend platzte Herrn Meier [,] Andis Vater [,] endgültig der Kragen [,] nachdem er das zerkratzte Gesicht seiner Frau gesehen und von den Vorfällen erfahren hatte [.] Er war von Beruf Baggerladerfahrer bei einem örtlichen Bauunternehmen [.] Nun fuhr er zur Baustelle [,] stieg in den großen Baggerlader und donnerte darin in Richtung Bauers Bungalow [.] Familie Bauer war nicht zu Hause [,] als Herr Meier das schmucke Haus mit dem Ungetüm wegschob [.] Am Ende blieben von dem Bungalow nur Berge von Steinen [,] Metall [K] und Holz übrig [.] Natürlich waren die Bauers fassungslos [,] als sie nach Hause kamen und vor den Trümmern ihres Hauses standen [.] Von den Nachbarn erfuhren sie [,] wer dafür verantwortlich war [.] Herr Bauer brachte seine Familie zu Verwandten und fuhr zur Arbeit [:] Er war Oberstleutnant beim 413 [.] Panzerbataillon des Heeres [.] Herr Bauer ließ einen Leopard-2-Panzer mit Waffen bestücken [,] stieg ein und ratterte [–] natürlich zu den Meiers [!] Die waren auch nicht zu Hause [–] sie feierten im Restaurant ihren ["] Sieg ["] über die Bauers [,] als der zornige Panzerfahrer das Meierhaus beschoss [.] Die Meiers hatten keine Verwandten in Deutschland [,] bei denen sie unterkommen konnten [.] Aber [:] Ein Onkel wohnte in Amerika [,] Uncle Sam [,] Herrn Meiers Bruder [.] Und dorthin zogen die Meiers auch [–] nach Searcy im US-Bundesstaat Arkansas [.] Uncle Sam nahm sie freudig auf und erzählte [,] was er beruflich machte [:] Er arbeitete für das US-Militär im Launch Complex [,] einem unterirdischen Bunker [.] Dort überwachte und bediente er einige Interkontinentalraketen mit Atomsprengköpfen [,] die in den Silos rund um Searcy abschussbereit gelagert waren [.] Als Herr Meier das hörte [,] hatte er eine Idee [...]

Erzählung mit Satzzeichen gelesen unter:

www.goo.gl/VdwFAm

| Deutsch | Name: _____ | Datum: _____ |

Komma oder nicht?

Wir verbinden mit Bindewörtern

Das **Bindewort** ist eine Wort-art, die Wörter, Satzteile und Sätze miteinander verbindet: und, aber, oder, weil, denn, da, während, nämlich u. v. a.

Kein Komma bei *und, oder, als, wie* **Einzelnes Wort zum Satz hinzu**

1. Ich esse Schnitzel <u>und</u> Steak _____

Kein Komma in der _____ .

2. Bemale dieses Teil grün <u>oder</u> _____

3. Mein Buch ist neuer <u>als</u> Sandras und teurer _____

⚠️ **Aber:** Es hat doch länger gedauert _____ wir angenommen hatten.

4. Ich fühlte mich <u>wie</u> gerädert und _____

⚠️ **Aber:** Es ist so passiert _____ ich gestern ankündigte!

Komma bei *dass, denn, damit, weil, bis, seit* usw. **Sätze verbinden**

Suche passende **Bindewörter** und setze **Kommas**!

Sie ist sicher ☐ _____ ihr Versuch gelingen wird.

Kevin entschuldigt sich ☐ _____ er hat verschlafen.

Ich gewinne den Wettbewerb ☐ _____ ich so schön bin.

Sie rührt und rührt ☐ _____ die Milch heftig schäumt.

Mami braucht deine Hilfe ☐ _____ noch heute!

_____ nur Talent ☐ _____ auch Glück brauchst du!

Formuliere mit diesen Bindewörtern **eigene** Sätze!

,weil ...

... ich zu viel esse.

Anders herum: **Sätze gesucht!**

_____, sondern _____

_____, aber _____

_____, ob _____

_____, obwohl _____

_____, während _____

Deutsch	Lösung

Komma oder nicht?

Wir verbinden mit Bindewörtern

> Das **Bindewort** ist eine Wortart, die Wörter, Satzteile und Sätze miteinander verbindet: und, aber, oder, weil, denn, da, während, nämlich u. v. a.

Kein Komma bei *und, oder, als, wie* **Einzelnes Wort zum Satz hinzu**

1. Ich esse Schnitzel <u>und</u> Steak <u>und Wurst und</u> ...

> **Kein Komma** in der <u>Aufzählung mit und/oder</u>

2. Bemale dieses Teil grün <u>oder</u> <u>gelb oder ...</u>

3. Mein Buch ist neuer <u>als</u> Sandras und teurer <u>als Kevins.</u>

⚠ **Aber:** Es hat doch länger gedauert <u>**,** als</u> wir angenommen hatten.

4. Ich fühlte mich <u>wie</u> gerädert und <u>wie ausgenutzt ...</u>

⚠ **Aber:** Es ist so passiert <u>**,** wie</u> ich gestern ankündigte!

Komma bei *dass, denn, damit, weil, bis, seit* usw. **Sätze verbinden**

Suche passende **Bindewörter** und setze **Kommas**!

Sie ist sicher **,** <u>dass</u> ihr Versuch gelingen wird.

Kevin entschuldigt sich **,** <u>denn</u> er hat verschlafen.

Ich gewinne den Wettbewerb **,** <u>weil</u> ich so schön bin.

Sie rührt und rührt **,** <u>bis</u> die Milch heftig schäumt.

Mami braucht deine Hilfe **,** <u>und zwar</u> noch heute!

<u>Nicht</u> nur Talent **,** <u>sondern</u> auch Glück brauchst du!

> Formuliere mit diesen Bindewörtern **eigene** Sätze!
>
> **,weil ...**
>
> **... ich zu viel esse.**

Anders herum: Sätze gesucht! (BEISPIELE)

<u>Ich gehe heute nicht weg</u>, *sondern* <u>ich lerne am Nachmittag.</u>

<u>Du hast zwar keinen Verstand</u>, *aber* <u>du hast diesmal recht.</u>

<u>Kevin zweifelt daran</u>, *ob* <u>er mich einladen soll oder nicht.</u>

<u>Susi kam nicht zur Party</u>, *obwohl* <u>ich sie mehrmals einlud.</u>

<u>Sie telefonierte ständig</u>, *während* <u>sie kochte.</u>

| Deutsch | Name: _____ | Datum: _____ |

Übersicht: **Satzzeichen** mit den Zehn

Formuliere Beispielsätze!

Das Spiel war nix. Wir haben z. B. kein Tor geschossen. Der _____	**Satzende - Abkürzung** _____ _____
Du willst etwas wissen? Dann frage doch einfach! Das _____	**Eine Frage kam! Stimme nach oben:** _____ _____
Ich rief zu Willi hinüber: „Den Ball zu mir!" Das _____	**Lange und kurze Rufe:** _____ _____
Du bist nett, schön, hilfsbereit, doch du siehst den Ball nicht. Das _____	**Aufzählung:** _____ **Bindewort:** _____ _____
Ich bin stark, Isabella ist stärker, Pünktchen ist der Stärkste! Der _____	**Satz mit Komma, Strichpunkt, Punkt:** _____ _____
Achtung, gleich werde ich etwas sagen: „…! " Der _____	**Ankündigung : Ausspruch/Rede** _____ _____
Yussuf läuft harmlos dahin – und dann kommt etwas Unerwartetes von ihm! Der _____	**Normales ⟶ Unerwartetes** _____ _____
Leila (9 Jahre) und Imbert (10 Jahre) gehören auch zu uns. Die _____	**Satz mit Zusatz:** _____ _____
Das sage ich dir mit meinen Worten: „Wir sind die Champions!" Die _____	**Anfang unten - Ende oben - Hervorhebung** _____ _____
Wenn ich beim Spiel schimpfe, lasse ich immer etwas aus: Verd…! Sch…! Die _____	**Ich weiß nicht weiter …/Gefährliche Wö…** _____ _____

Kompetenzorientierter Deutschunterricht PLUS 5. Jahrgangsstufe Band 4 © pb-Verlag München 2017

Deutsch	Lösung/Beispiele

Übersicht: **Satzzeichen** mit den Zehn

Formuliere Beispielsätze!

Das Spiel war nix. Wir haben z. B. kein Tor geschossen. Der **Punkt**	**Satzende - Abkürzung** <u>Ahmet hat bald Geburtstag.</u> <u>Das Fest findet am 8. Dezember statt.</u>
Du willst etwas wissen? Dann frage doch einfach! Das **Fragezeichen**	**Eine Frage kam! Stimme nach oben:** <u>Wird Ahmet seinen Geburtstag feiern ?</u> <u>Ich frage mich: Bin ich eingeladen ?</u>
Ich rief zu Willi hinüber: „Den Ball zu mir!" Das **Ausrufezeichen**	**Lange und kurze Rufe:** <u>He, Willi, du Schnarchsack ! Ball her ! Los !</u> <u>Nicht so langsam ! Gib Gas ! ...</u>
Du bist nett, schön, hilfsbereit, doch du siehst den Ball nicht. Das **Komma**	**Aufzählung:** <u>Ich bin klein, dünn, schmächtig, ...</u> **Bindewort:** <u>Die Feuerwehr muss den Brand</u> <u>löschen, **sobald** es zum Dach hinausbrennt.</u>
Ich bin stark; Isabella ist stärker; Pünktchen ist der Stärkste! Der **Strichpunkt**	**Satz mit Komma, Strichpunkt, Punkt:** <u>Ich habe mir ein neues Auto gekauft, das mir</u> <u>sehr gefällt; es ist sehr teuer.</u>
Achtung, gleich werde ich etwas sagen: „...!" Der **Doppelpunkt**	**Ankündigung : Ausspruch/Rede** <u>Julius ruft: „Veni, vidi, vici!" Herkunft: Rom</u> <u>Amrei jodelt: „Dudeljöh, dudeldei!"</u>
Yussuf läuft harmlos dahin — und dann kommt etwas Unerwartetes von ihm! Der **Gedankenstrich**	**Normales ⟶ Unerwartetes** <u>Und plötzlich — lautes Schweigen!</u> <u>Den Hauptpreis gewann — niemand.</u>
Leila (9 Jahre) und Imbert (10 Jahre) gehören auch zu uns. Die **Klammer**	**Satz mit Zusatz:** <u>Siegfried heulte (wie immer) darauf los.</u> <u>Er wohnt in Frankfurt (Main).</u>
Das sage ich dir mit meinen Worten: „Wir sind die Champions!" Die **Anführungszeichen**	**Anfang unten - Ende oben - Hervorhebung** <u>Frag nicht dauernd: „Ist es noch weit?"!</u> <u>Ich bin „nur" Erster geworden!</u>
Wenn ich beim Spiel schimpfe, lasse ich immer etwas aus: Verd...! Sch...! Die **Auslassungspunkte**	**Ich weiß nicht weiter .../Gefährliche Wö...** <u>Du bist ein verdammter ...!</u> <u>Und wenn sie nicht gestorben sind ...</u>

Kompetenzorientierter Deutschunterricht PLUS 5. Jahrgangsstufe Band 4 © pb-Verlag München 2017

Deutsch	Name: _____	Datum: _____

Satzzeichen Trage in die Platzhalter passende Satzzeichen ein!

☐ • ☐ : ☐ – ☐ ? ☐ ."
☐ ; ☐ ; ☐ ... ☐ ! ☐ ( )

K Kein Satzzeichen

Eine übertriebene Geschichte:
Gewaltspirale

An manchen Stellen sind mehrere Satzzeichen möglich. Wähle passende!

Es war ein nichtiger Anlass ☐ der die Banknachbarn Andi Meier und Kevin Bauer zu Todfeinden machte ☐ Kevin öffnete das Fenster ☐ neben dem er saß ☐ Sofort schüttelte Andi den Kopf ☐ ☐ Mach das Fenster zu ☐ ☐ Doch Kevin weigerte sich ☐ Andi lief um den Tisch ☐ griff an das Fenster ☐ und schon hatte er Kevins Hand im Nacken ☐ Wir wissen alle ☐ was jetzt folgte ☐ Die beiden schrien sich an ☐ wobei sie sich immer deftigere Schimpfwörter an die Köpfe warfen ☐ Sie steigerten sich in eine heftige Auseinandersetzung hinein ☐ Zunächst stritten sie mit Worten ☐ Du Sch ☐ kerl war noch das Harmloseste ☐ ☐ doch dabei blieb es nicht ☐ Sie schubsten sich ☐ und schon lagen sie ringend und schlagend am Boden ☐ Die Mitschüler griffen nicht schlichtend ein ☐ im Gegenteil ☐ manche feuerten die Streithähne noch an ☐ Ein greller Schrei ☐ Andi griff mit einer Hand an den Mund und jaulte ☐ ☐ Mein Zahn ☐ Mein Zahn ist abgebrochen ☐ ☐ Die Lehrerin kam in das Klassenzimmer ☐ schrie los ☐ zog die beiden Feinde auseinander und versetzte Kevin ganz nach hinten ☐ Ein normaler Gewaltexzess ☐ wie man ihn fast täglich erleben kann ☐ Oder doch nicht ☐

Es war am nächsten Tag gegen 7 Uhr 30 ☐ Kevin wartete schon vor der Schule auf Einlass ☐ Plötzlich wurde er von einer starken Hand am Hemd gepackt ☐ und hochgezogen ☐ Es war Andis Vater ☐ Der begann nun ☐ Kevin zu beschimpfen ☐ und zu bedrohen ☐ ☐ Die Zahnarztrechnung bezahlst du ☐ du kleiner Mistkerl ☐ ☐ Er ließ Kevin los ☐ gab ihm eine heftige Watsche ☐ Ohrfeige ☐ und zog ab ☐ Als am Nachmittag Kevins Vater von diesem Vorfall erfuhr ☐ stieg er ins Auto und fuhr zornig ☐ und wütend zu Andis Wohnung ☐ Er läutete an der Haustüre und versetzte ohne Worte dem ☐ der öffnete ☐ einen Faustschlag auf die Nase ☐ Es war Andis Vater ☐ Herr Meier ☐ Der Faustschlag war so stark ☐ dass das Nasenbein des Herrn Meier gebrochen war ☐ Noch zwei unangenehme Begegnungen gab es an diesem Tag ☐ Im Supermarkt trafen Andis und Kevins Mütter aufeinander ☐ Nach kurzen Wortgefechten gingen die beiden aufeinander los ☐ und zerkratzten sich mit spitzen Fingernägeln die Gesichter ☐ Dem Personal des Super-

(Wird fortgesetzt)

Kompetenzorientierter Deutschunterricht PLUS 5. Jahrgangsstufe Band 4 © pb-Verlag München 2017

| Deutsch | Name: _____ | Datum: _____ |

marktes gelang es schließlich □ die zwei Frauen aus getrennten Ausgängen hinauszubegleiten □ Die zweite Begegnung □ Die beiden älteren Schwestern der Streithähne Andi und Kevin □ bis gestern eigentlich gute Freundinnen □ begegneten sich zufällig im örtlichen Baumarkt □ Schon griff die eine ins Regal und hatte ein Holzbrett in der Hand □ Die andere lief zunächst ein Stück weit weg □ um dann umzukehren und einen Spaten aus dem Regal zu holen □ So standen sie sich also gegenüber □ bereit zum Zuschlagen □ Nur der zufälligen Anwesenheit eines Polizisten im Baumarkt war es zu verdanken □ dass die beiden Mädchen voneinander abließen □ An diesem Abend platzte Herrn Meier □ Andis Vater □ endgültig der Kragen □ nachdem er das zerkratzte Gesicht seiner Frau gesehen und von den Vorfällen erfahren hatte □ Er war von Beruf Baggerladerfahrer bei einem örtlichen Bauunternehmen □ Nun fuhr er zur Baustelle □ stieg in den großen Baggerlader und donnerte darin in Richtung Bauers Bungalow □ Familie Bauer war nicht zu Hause □ als Herr Meier das schmucke Haus mit dem Ungetüm wegschob □ Am Ende blieben von dem Bungalow nur Berge von Steinen □ Metall □ und Holz übrig □ Natürlich waren die Bauers fassungslos □ als sie nach Hause kamen und vor den Trümmern ihres Hauses standen □ Von den Nachbarn erfuhren sie □ wer dafür verantwortlich war □ Herr Bauer brachte seine Familie zu Verwandten und fuhr zur Arbeit □ Er war Oberstleutnant beim 413 □ Panzerbataillon des Heeres □ Herr Bauer ließ einen Leopard-2-Panzer mit Waffen bestücken □ stieg ein und ratterte □ natürlich zu den Meiers □ Die waren auch nicht zu Hause □ sie feierten im Restaurant ihren □ Sieg □ über die Bauers □ als Herr Bauer gegen ihr Haus wütete □ Kein Stein blieb auf dem anderen □ als der zornige Panzerfahrer das Meierhaus beschoss □ Die Meiers hatten keine Verwandten in Deutschland □ bei denen sie unterkommen konnten □ Aber □ Ein Onkel wohnte in Amerika □ Uncle Sam □ Herrn Meiers Bruder □ Und dorthin zogen die Meiers auch □ nach Searcy im US-Bundesstaat Arkansas □ Uncle Sam nahm sie freudig auf und erzählte □ was er beruflich machte □ Er arbeitete für das US-Militär im Launch Complex □ einem unterirdischen Bunker □ Dort überwachte und bediente er einige Interkontinentalraketen mit Atomsprengköpfen □ die in den Silos rund um Searcy abschussbereit gelagert waren □ Als Herr Meier das hörte □ hatte er eine Idee □

Lesen: Lest den Text laut mit den Satzzeichen. Achtet auf Pausen und Stimmen (Komma: nach oben/Punkt: nach unten)!

Sprechen: Sprecht in den Gruppen über den Inhalt (Schuld, Spirale, Beenden des Konfliktes usw.)!

pinterest